*Seleções
da Biblioteca de*
SPURGEON

Sofrimento

...

Publicações
Pão Diário

Seleções
da Biblioteca de
SPURGEON

Sofrimento

Originally published in English under the title
Selection from Spurgeon's Library on Suffering
Copyright ©2018 by B&H Academic
One LifeWay Plaza, Nashville, TN 37234, Nashville, TN 37234-0188 USA
All rights reserved.

Coordenação editorial: Dayse Fontoura
Tradução: João Ricardo Morais
Revisão: Dalila de Assis, Dayse Fontoura, Lozane Winter, Rita Rosário, Thaís Soler
Projeto gráfico e capa: Audrey Novac Ribeiro
Diagramação: Denise Duck Makhoul

Dados Internacionais de Catalogação na Publicação (CIP)

Willison, John et all
Seleções da Biblioteca de Spurgeon — Sofrimento
Tradução: João Ricardo Morais — Curitiba/PR, Publicações Pão Diário
Título Original: *Selection from Spurgeon's Library on Suffering*
1. Sofrimento 2. Bíblia 3. Sermões 4. História da Igreja

Proibida a reprodução total ou parcial sem prévia autorização, por escrito, da editora.
Todos os direitos reservados e protegidos pela Lei 9.610, de 19/02/1998.
Permissão para reprodução: permissao@paodiario.com

Exceto quando indicado o contrário, os trechos bíblicos mencionados são da edição
Revista e Atualizada de João F. de Almeida © 2009 Sociedade Bíblica do Brasil.

Publicações Pão Diário
Caixa Postal 4190,
82501-970 Curitiba/PR, Brasil
publicacoes@paodiario.org
www.publicacoespaodiario.com.br
Telefone: (41) 3257-4028

HU827
ISBN: 978-65-86078-75-6

1.ª edição: 2021

Impresso no Brasil

SUMÁRIO

Introdução à Série por *B&H Academic*..........................7
Introdução por Jason Allen..........................9

1. Seleção de John Willison..........................19
   *Instruções aos filhos de Deus em
   momentos de aflição*..........................21

2. Seleção de Ralph Erskine..........................71
   *Providências ocultas reveladas no
   devido tempo*..........................73

3. Seleção de John Owen..........................119
   *O uso da fé em momentos de injúria
   e perseguição*..........................121

4. Seleção de Robert Leighton..........................133
   Exercício adequado na aflição..........................135

5. Seleção de George Smalridge..........................151
   *Confiar em Deus, nosso melhor esteio,
   em todos os nossos problemas e aflições*..........................153

Índice das Escrituras..........................173
Índice de nomes e assuntos..........................179

INTRODUÇÃO À SÉRIE

B&H Academic

De acordo com algumas pesquisas, a maioria dos CEO's lê 52 livros por ano. Esse é um número impressionante, mas não chega nem perto do número de livros que C. H. Spurgeon lia. De acordo com W. Y. Fullerton, em seu livro *C. H. Spurgeon: A Biography*, Spurgeon lia seis livros por semana. Isso equivale a 312 livros por ano! No final de sua vida, Spurgeon tinha acrescentado mais de 12.000 volumes à sua biblioteca, e ele leu cada um deles.

O que é ainda mais impressionante é que Spurgeon lia profundamente. O termo "leitura profunda" parece ter sido cunhado por Sven Birkerts em *The Gutenberg Elegies* (1994). Leitura profunda refere-se a processos contemplativos e deliberados que filtram distrações e incluem raciocínio dedutivo, reflexão e análise crítica. A maior parte da biblioteca de Spurgeon era composta de obras puritanas de peso. Evidentemente, esse tipo de leitura foi fundamental no desenvolvimento de suas excelentes habilidades de escrita e influenciou muito sua pregação. Talvez o "segredo" para a influência e popularidade de Spurgeon esteja diretamente relacionado com a quantidade e qualidade dos livros que ele leu.

E que tal se pudéssemos acrescentar seleções da biblioteca pessoal de Spurgeon à nossa? Por meio de uma parceria com o *Midwestern Baptist Theological Seminary* e o *Spurgeon Center*, a *B&H Academic* está tornando isso realidade. Com tecnologia moderna e uma equipe de editores, estamos utilizando seleções de sua biblioteca particular para criar volumes individuais que se concentrem em um tópico ou tema específico. Há aproximadamente 6.000 volumes no *Spurgeon Center*. As seleções desses livros o apresentarão a novos autores, bem como a nomes mais conhecidos como John Owen, John Newton, entre outros. Isso não é literatura leve. É um conteúdo rico que você desejará ler de forma lenta e reflexiva. Lembre-se, essa é a leitura profunda de Spurgeon.

B&H Academic agradece ao Dr. Jason Allen, presidente do *Midwestern Baptist Theological Seminary*, e à talentosa equipe da Biblioteca Spurgeon por nos conceder acesso a esses livros. Todos os esforços foram envidados para se permanecer fiel ao texto original, inclusive a manutenção das notas de rodapé originais. Os editores acrescentaram uma pequena quantidade de notas de rodapé para leitura adicional.

Dedicamos este projeto ao nosso Senhor por amor à Sua Igreja.

INTRODUÇÃO

Jason Allen

É uma alegria poder escrever a introdução e a recomendação do livro que agora está em suas mãos. A ideia por trás deste livro, como imaginado por Jim Baird e a equipe *B&H Academic*, é simplesmente genial. Este livro o apresenta aos autores que moldaram a vida e o ministério de Charles Spurgeon e a este tema sempre presente na vida cristã: o sofrimento.

Para que você tire o máximo proveito deste livro, quero apresentá-lo aos amplos formatos da vida e do ministério de Spurgeon, direcioná-lo aos colaboradores deste livro e informá-lo, de forma breve, sobre o tema que ele aborda.

Como foi dito, pode-se dizer muito sobre uma pessoa pelos livros que ela lê e os amigos que mantém. Para Spurgeon, os livros que ele leu escritos por grandes cristãos — começando quando ainda era um menino no escritório de seu avô — formaram-no teologicamente e o moldaram espiritualmente. Em particular, as palavras coletadas neste livro tornaram-se poderosos afluentes que correram para a vida e mente de Charles Spurgeon.

Por que Charles Spurgeon?

Charles Spurgeon é amplamente reconhecido como um dos cristãos mais influentes que já viveu. Providencialmente levantado por Deus, Spurgeon pastoreou o *Metropolitan Tabernacle* em Londres, Inglaterra, durante a Era Vitoriana. Durante esse tempo, a Grã-Bretanha estendeu-se sobre o mundo como o principal império mundial, aumentando assim a fama e influência global de Spurgeon. É por isso que Carl F. H. Henry observou que C. H. Spurgeon é "um dos imortais do cristianismo evangélico".

Pregador

Como pregador, Spurgeon pastoreou a maior igreja protestante do mundo[1] — o *Metropolitan Tabernacle* em Londres — onde pregou por quase 40 anos para uma congregação de cerca de 6.000 membros. Spurgeon é comumente classificado, juntamente com George Whitefield, como um dos dois maiores pregadores da língua inglesa. Em 1857, ele pregou para uma multidão de 23.654 pessoas no Crystal Palace de Londres e, no final de seu ministério, havia pregado a mais de 10 milhões de pessoas sem a ajuda das tecnologias modernas.

---

[1] N.E.: De seu tempo.

Spurgeon foi talentoso como pastor, escritor, apologeta, líder, visionário e administrador educacional e eclesiástico. No entanto, ele era, antes de tudo, um pregador. Todos os ministérios auxiliares de Spurgeon fluíram de seu púlpito, e seus sermões semanais foram transcritos e distribuídos ao redor do mundo. Possivelmente, na história da igreja, não há nome mais corretamente associado à pregação na língua inglesa do que Charles Spurgeon.

Escritor

Como escritor, Spurgeon possuía uma caneta incansável. Ele escreveu um grande número de cartas e, até a sua morte, ele havia escrito aproximadamente 150 livros. Seus sermões, que ele editava semanalmente e eram enviados ao mundo todo, venderam mais de 56 milhões de cópias durante sua vida. Na época de Spurgeon, eles foram traduzidos para mais de 40 idiomas e agora totalizam 63 densos volumes. Além disso, Spurgeon escreveu para várias revistas e periódicos, incluindo a sua *Sword and Trowel*.[2]

Humanitário

Como humanitário, Spurgeon envolveu-se no combate contra os grandes males sociais de sua época. Ele fundou dois orfanatos, um ministério para mulheres que viviam em

---

[2] A espada e a colher de pedreiro, numa tradução livre. Periódico mensal do *Metropolitan Tabernacle*, ainda publicado até os dias atuais.

promiscuidade, foi um fervoroso abolicionista, fundou uma escola para pastores e um ministério de distribuição de livros para pastores sem condições financeiras. Lançou ministérios de doação de roupas e sopa comunitária, tanto para membros como para não membros do *Metropolitan Tabernacle*. Aos 50 anos, ele havia iniciado nada menos que 66 ministérios sociais, todos para atender às necessidades físicas e espirituais das pessoas.

Apologeta

Como apologeta, Spurgeon defendia ardentemente suas convicções batistas, evangélicas e reformadas. Ele atacou o hipercalvinismo e o arminianismo; campbelismo[3] e darwinismo. Spurgeon defendia especialmente a pessoa e a obra de Cristo e a inspiração abrangente e infalibilidade das Escrituras. Os esforços apologéticos de Spurgeon foram mais claramente testemunhados através do prisma da *Downgrade Controversy* (Controvérsia do Declínio),[4] quando ele desafiou e finalmente retirou-se de sua própria União Batista por causa do equívoco a respeito dessas questões.

---

[3] Movimento religioso iniciado no século 19 nos Estados Unidos por Thomas e Alexander Campbell. Entre suas crenças estão: o homem é inerentemente bom e capacitado a obedecer a Deus, negam a personalidade do Espírito Santo, a regeneração é apenas uma reforma da vida exterior, não creem na "experiência da graça", entre outras.

[4] Uma controvérsia iniciada após a publicação de uma série de artigos que criticavam *o afastamento da igreja das sólidas doutrinas cristãs*, por Robert Shindler, no periódico *Sword na Trowel*. Spurgeon apoiou seu amigo escrevendo outros artigos e usando seu púlpito para denunciar erros como o arminianismo, que deslizava para o universalismo e a crença de que a Bíblia não é infalível.

Evangelista

Como evangelista, Spurgeon pregou incansavelmente o evangelho e constantemente conquistou pecadores para Cristo. Ele continua sendo um modelo insuperável para equilibrar a soberania de Deus e a responsabilidade do homem na evangelização. Na verdade, é difícil encontrar qualquer sermão que Spurgeon tenha pregado que não conclua com uma apresentação da cruz. Ao final de seu ministério, Spurgeon havia batizado 14.692 cristãos.

A mística de Spurgeon

O ministério de Spurgeon ainda possui uma certa mística. Isso é em parte devido ao fato de que ele era um gênio. Ele devorava livros, possuía memória fotográfica e certa vez testemunhou ter simultaneamente oito pensamentos em sua mente. Sua enorme influência, vida e época intrigantes e muitos problemas físicos e emocionais também contribuem para isso.

A mística de Spurgeon também se deve à sua incansável ética de trabalho ministerial, que levou David Livingston a perguntar a Spurgeon: "Como você consegue fazer o trabalho de dois homens em um único dia?", ao que Spurgeon, em referência ao Espírito Santo, respondeu: "Você esqueceu que somos em dois".

A relevância duradoura de Spurgeon

Spurgeon foi um fenômeno que pregou na maior igreja protestante do mundo [em sua época] no contexto da cidade mais poderosa do planeta [até então]: Londres. No entanto, seu ministério percorreu todo o Império Britânico e foi além dos seus extensos tentáculos. Ele encarnou tudo o que é certo sobre o cristianismo bíblico e tudo o que os cristãos do século 21 devem imitar: fidelidade bíblica, fervor evangelístico, ministério autossacrificial, autoridade no púlpito, consciência social e defesa da fé.

Por que sofrimento?

O sofrimento é a bigorna sobre a qual a vida cristã é martelada. É mediante provações que a autenticidade da fé é revelada, e por meio de tais tribulações o caráter do cristão é refinado.

Para muitos cristãos modernos, isso pode soar estranho e até mesmo alarmante, mas as Escrituras expressam repetidamente a realidade do sofrimento na vida do cristão. Reflita sobre estes versículos:

- Romanos 5:3,4 — "mas também nos gloriamos nas próprias tribulações, sabendo que a tribulação produz perseverança; e a perseverança, experiência; e a experiência, esperança".
- 2 Coríntios 4:17 — "Porque a nossa leve e momentânea tribulação produz para nós eterno peso de glória, acima de toda comparação".

- Filipenses 1:29 — "Porque vos foi concedida a graça de padecerdes por Cristo e não somente de crerdes nele".
- 2 Timóteo 3:12 — "Ora, todos quantos querem viver piedosamente em Cristo Jesus serão perseguidos".
- Tiago 1:2,3 — "Meus irmãos, tende por motivo de toda alegria o passardes por várias provações, sabendo que a provação da vossa fé, uma vez confirmada, produz perseverança".
- Tiago 1:12 — "Bem-aventurado o homem que suporta, com perseverança, a provação; porque, depois de ter sido aprovado, receberá a coroa da vida, a qual o Senhor prometeu aos que o amam".
- 1 Pedro 2:21 — "Porquanto para isto mesmo fostes chamados, pois que também Cristo sofreu em vosso lugar, deixando-vos exemplo para seguirdes os seus passos".
- 1 Pedro 4:12 — "Amados, não estranheis o fogo ardente que surge no meio de vós, destinado a provar-vos, como se alguma coisa extraordinária vos estivesse acontecendo".

Deste lado da eternidade, todos os cristãos, sem exceção, conhecerão o sofrimento. Nosso chamado é aprender com nosso sofrimento e florescer através dele. A forma como cada um navega por essas provações pode colocá-lo na trajetória de uma fidelidade maior em sua vida cristã e ministério.[5]

---

[5] Robert Browning Hamilton, *Along the Road*.

De fato, como o poeta certa vez recitou, o sofrimento e a tristeza servem como poderosos agentes de instrução e amadurecimento. "Caminhei uma milha com o prazer; ele falou todo o caminho, mas não me deixou mais sábio por tudo o que tinha a dizer. Caminhei uma milha com a tristeza, e ela nunca disse uma só palavra: mas ó, as coisas que aprendi enquanto a tristeza caminhava comigo."

Os colaboradores

Como mencionado, os colaboradores para este volume moldaram poderosamente a vida e o ministério de Charles Spurgeon. O *Midwestern Seminary* e a equipe do *B&H Academic* juntos vasculharam a Biblioteca de Spurgeon e escolheram exatamente esses recursos de sua própria biblioteca. Muitas dessas obras foram substancialmente anotadas pelo próprio Spurgeon e lhe são apresentadas da biblioteca dele para a sua.

Para se tirar o máximo proveito deste livro, convido-o a adquirir um breve conhecimento sobre cada colaborador.

Ralph Erskine (1685–1752) foi um clérigo escocês que estudou na Universidade de Edimburgo e foi pastor assistente em Dunfermline por quase 26 anos. Ele compôs sonetos evangélicos, paráfrases poéticas e sermões.

Robert Leighton (1611–84) foi um pastor e erudito escocês. Foi treinado em Edimburgo e ordenado pastor da Igreja da

Escócia em 1641. Sua obra mais conhecida é seu comentário de dois volumes sobre 1 Pedro.

John Owen (1616–83) foi pastor congregacionalista, escritor e capelão de Oliver Cromwell. De suas obras, que totalizam 16 volumes, seus títulos mais proeminentes incluem *The Death of Death in the Death of Christ* (A morte da morte e a morte de Cristo), *Biblical Theology* (Teologia Bíblica), *Mortification of Sin in Believers* (A mortificação do pecado nos cristãos), *Temptation: The Nature and Power of It* (Tentação: Sua natureza e poder) e *Communion with God the Father, Son, and Holy Ghost* (Comunhão com o Deus Pai, Filho e Espírito Santo).

George Smalridge (1662–1719) foi o bispo de Bristol de 1714 a 1719. Ele foi educado na Escola Westminster e Christ Church, Oxford. Tornou-se tutor na Christ Church e depois mudou-se para Londres para ser pastor. Ele é mais lembrado por seus sermões.

John Willison (1680–1750) foi escritor e pastor da Igreja da Escócia. No início de seu ministério, escreveu um tratado sobre a santificação do Dia do Senhor que desencadeou um debate por escrito do anglicano James Small. Uma das obras mais populares de Willison foi *The Afflicted Man's Companion* (A companhia do homem aflito).

Conclusão

Oro para que este livro lhe seja vivificador. Oro para que, como Spurgeon, enquanto você enfrenta seus próprios momentos de provação e até mesmo de dúvida, essas palavras extraídas de grandes santos da antiguidade venham encorajá-lo em sua fé, em sua convicção cristã e tranquilizá-lo de que, na verdade, todas as coisas cooperam para o bem (Rm 8:28).

1
Seleção
de
JOHN WILLISON

INSTRUÇÕES AOS FILHOS DE DEUS EM MOMENTOS DE AFLIÇÃO

Ao leitor:

O tema deste livro, por mais melancólico que possa parecer para alguns, é, entretanto, necessário a todos, uma vez que a Palavra de Deus e a nossa própria experiência nos asseguram que "o homem, nascido de mulher, vive breve tempo, cheio de inquietação", e que ele "nasce para o enfado, como as faíscas das brasas voam para cima". Não, os filhos mais queridos de Deus não estão isentos desse destino comum. Vemos qual é o caráter que Deus dá à Sua Igreja: "Ó tu, aflita, arrojada com a tormenta e desconsolada!" (Is 54:11).

Se neste mundo, então, devemos passar por tribulação, é altamente necessário que todos busquem direção para preparar-se para ela e se comportar diante dela, para que possam glorificar a Deus, edificar os outros e finalmente alcançar a felicidade eterna. As tribulações pelas quais temos que passar aqui são muitas; mas, entre aquelas que são exteriores, não conheço nenhuma a que os homens devam se atentar e se preocupar mais do que a enfermidade física, aquele prenúncio habitual da morte e que inaugura o caminho para o juízo.

Trata-se de um assunto pouco tratado em sermões públicos, que são pregados apenas àqueles que estão com saúde, sendo os enfermos incapazes de ouvi-los. Portanto, parece muito mais necessário colocá-los por escrito, para que assim os aflitos possam ter um livro em sua casa, e ao lado de sua cama, como um assistente para pregar-lhes em particular, quando estão impedidos de ouvir sermões em público. [...]

II.[6] Em seguida, para impedir e auxiliar nesse mal da fraqueza sob a aflição, que os cristãos considerem:

1. Essas pesadas provações são todas necessárias para vocês. As águas profundas não são mais necessárias para levar um navio ao porto do que as grandes aflições o são para transportar o navio de nossa alma ao porto da felicidade. Os ventos fortes e trovões são assustadores, mas necessários para limpar o ar. Uma das mais drásticas calamidades que assolou Israel foi o cativeiro babilônico, e mesmo assim, esse foi um ato de misericórdia para eles, pois o Senhor diz em Jeremias: "Do modo por que vejo estes bons figos, assim favorecerei os exilados de Judá, que eu enviei deste lugar para a terra dos caldeus" (24:5). Estranho que homens livres sejam feitos prisioneiros e que, em uma terra estranha entre os pagãos, sejam levados para longe de suas próprias casas, vinhedos, amigos, e mais, do Templo de Deus e de Suas ordenanças; e ainda tudo isso para o bem deles! Por quê? Pois assim eles

---

[6] Por favor, note que esta seleção abrevia o início do trabalho original, pois não é relevante para o nosso tema sobre sofrimento.

foram efetivamente desmamados e afastados de seu apreciado pecado de idolatria.

2. Considere que sua aflição, por mais pesada que seja, logo terá um fim: "Pois não contenderei para sempre, nem me indignarei continuamente; porque, do contrário, o espírito definharia diante de mim, e o fôlego da vida, que eu criei" (Is 57:16). O ourives não deixará seu ouro ficar mais tempo na fornalha do que o suficiente para ser purificado. Os ímpios têm um mar de ira para beber, mas, ó cristão prostrado, console-se, você tem apenas um cálice de aflição, que logo acabará. O tempo está próximo, quando todas as suas provações terão um fim. No Céu não há cruz, nenhuma reclamação, nem lágrimas, nem tristezas. E assim será para sempre.

3. Não desfaleça, ó filho de Deus, pois essas aflições são o inferno que você deveria ter. Você não tem nada a temer futuramente. Judas teve dois infernos, um oportunamente pelo terror em sua consciência, outro depois desta vida, que dura por toda a eternidade. Mas todo o inferno que o cristão tem é a leve aflição, que é apenas por um momento.

4. Desanimar ou murmurar na aflição é danoso para qualquer um, mas em ninguém é tão danoso quanto nos filhos de Deus. Ele faz com que todas as suas alianças, seus privilégios, suas esperanças tornem-se nocivos. Eles se resignaram e se entregaram e tudo o que têm deram a Deus, através de uma aliança solene? E eles se inquietarão quando Ele dispuser deles? Você não disse, ó cristão, no dia em que seu coração foi ferroado pelo pecado e os terrores de Deus o fizeram ter medo: "Ó, deixe-me ter Jesus Cristo como meu Salvador e porção, e eu ficarei contente embora devesse

ser atingido por feridas como Jó ou mendigar o pão com Lázaro!". Bem, Deus o provará para ver se você permanecerá em sua palavra: Ó, cuidado com o recuar! A alma que tem um Deus que supre todas as coisas como sua porção não tem o suficiente? Se Deus for seu em aliança, isso englobará todas as coisas.

5. Essa fraqueza sob a aflição transtorna e incapacita a alma para qualquer dever. É uma navegação deficiente na tempestade, assim como é deficiente a oração quando o coração está em uma tempestade de inquietação e desânimo.

6. Seu desânimo sob aflição e conduta como se as consolações de Deus fossem pequenas são suficientes para fazer os outros tropeçarem em relação à religião e os fazer colocar a verdade sobre ela em dúvida. Quando eles veem aqueles que professam a religião e frequentemente declaram que sua alegria está em Cristo Jesus como sua porção, começando a afundar e desanimando por causa de aflições exteriores, ó, não podem ser tentados a dizer: "Onde está a verdade da religião? Onde estão aqueles sustentos e consolações divinos sobre os quais muitas vezes ouvimos falar"?

7. Ó, então, procure fazer com que a fé seja reavivada e fortalecida e, como Jó, decida confiar em Deus, embora o Senhor pudesse matá-lo. Seria nobre evitar que o coração afundasse sob pressões da aflição, como o salmista encontrou em sua doce experiência: "Eu creio que verei a bondade do SENHOR na terra dos viventes" (Sl 27:13).

III. Respondo a algumas objeções ou desculpas de cristãos desanimados, que eles comumente alegam como a causa de seus desânimos quando estão em aflição.

Objeção 1
"Ó (disse alguém) minhas aflições não são comuns, são pressões dolorosas que vêm sobre mim, e de vários tipos também".

Resposta
1. Ó cristão, Deus tomou o pedido de sua porção em Suas próprias mãos, e Ele sabe o que é mais apropriado para você. Se o homem fosse deixado para moldar sua própria porção, logo pareceria que ele mesmo é seu maior inimigo. Todos seríamos a favor das delícias do prazer e da prosperidade, o que não seria saúde para nossa alma, como crianças que consideram frutas verdes a melhor dieta, porque apreciam seu gosto, mas seus pais são mais sábios em mantê-las longe delas.

2. Deus pode ver que você tem muitas e fortes luxúrias para serem derrotadas e que você precisa de muitas aflições dolorosas para derrubá-las. Seu orgulho e obstinação do coração podem ser fortes, seus destemperos profundamente enraizados, e, portanto, o remédio deve ser proporcional a eles, como com os israelitas: "Por se terem rebelado contra a palavra de Deus e haverem desprezado o conselho do Altíssimo, de modo que lhes abateu com trabalhos o coração" (Sl 107:11,12). Ó cristão, seu Deus e Pai, que tem a mistura de seu cálice e porção, é um Médico sábio e hábil, que conhece sua constituição e sua necessidade: "Se necessário, sejais contristados por várias provações" (1Pe 1:6). E, como Ele conhece sua necessidade, então entende sua força. "Deus é fiel e não permitirá que sejais tentados além das vossas forças" (1Co 10:13).

3. Deus envia grandes e dolorosos problemas para que você possa ter mais experiência com a sabedoria e a misericórdia de Deus em seu sustento e livramento: "Tu, que me tens feito ver muitas angústias e males, me restaurarás ainda a vida e de novo me tirarás dos abismos da terra" (Sl 71:20).

Objeção 2
"Mas (disse alguém) minha aflição é única. Nunca houve alguém na minha condição".

Resposta
1. É muito comum para cada homem em grande angústia considerar seu caso único, porque ele sente mais o que está mais próximo dele mesmo, mas é alheio em relação ao que seu vizinho sente.

2. Essa sugestão é um dos instrumentos de Satanás, para que ele possa tentar um filho de Deus a questionar o amor de seu Pai. Mas ele é um mentiroso, e não se deve acreditar no que ele diz, pois outros dentre seus irmãos têm sido afligidos do mesmo modo e intensidade, senão pior: "Certos de que sofrimentos iguais aos nossos estão-se cumprindo na vossa irmandade espalhada pelo mundo" (1Pe 5:9).

3. Seja qual for o seu caso, você deve reconhecer que seus sofrimentos não são tão grandes quanto seus pecados. As provações do povo de Deus na Babilônia foram únicas; no entanto, Esdras reconhece: "Ó nosso Deus, nos tens castigado menos do que merecem as nossas iniquidades" (Ed 9:13). Se nosso irado Juiz, em Sua clemência, nos enviar para a Babilônia em vez do inferno, não temos motivo para reclamar.

4. Mas, ó filho de Deus, por mais que reclame da singularidade da aflição agora, todas essas queixas serão retiradas de sua boca em breve. O tempo está próximo quando você se maravilhará com a sabedoria de Deus ao conduzir tantos filhos e filhas à glória, através de uma variedade de provações, exercícios, aflições e tentações, e o levará a dizer: "Tudo ele tem feito esplendidamente bem" (Mc 7:37).

Objeção 3
"Mas (disse alguém) minha aflição tem se demorado demais, e não vejo nenhuma saída. Como posso não desanimar diante dela?".

Resposta
1. Não está durando tanto quanto seus pecados merecem, porque, se fosse pela justiça, seria para sempre. Poderia ser o verme que nunca morre e o fogo que nunca se apaga.

2. Seus sofrimentos na Terra não são tão duradouros quanto sua recompensa no Céu: "Porque para mim tenho por certo que os sofrimentos do tempo presente não podem ser comparados com a glória a ser revelada em nós" (Rm 8:18).

3. Nenhuma duração ou continuidade de aflição aqui deveria impedir o consolo de um cristão. Se substituirmos a perspectiva que temos pelo padrão de Jesus Cristo, quanto tempo Suas aflições duraram? Não houve um fim para elas até que Ele bradou em alta voz e entregou Seu espírito. Embora fosse o Filho de Deus, desde a hora de Seu nascimento até o momento de Sua morte, de Sua manjedoura à Sua cruz, Suas aflições só aumentavam, e Ele terminou Seus dias em meio a elas. Bem, Cristo é o cabeça da Igreja e o seu grande

representante, ó cristãos. E é para a conformidade a Ele que vocês estão predestinados: estejam contentes, então, de serem como seu cabeça e padrão, não tendo comodidade ou descanso das aflições, até que estejam na sepultura. "Ali, os maus cessam de perturbar, e, ali, repousam os cansados" (Jó 3:17).

4. Lembre-se de que suas aflições são uma parte da cruz de Cristo, que o seu amado Redentor planejou para o seu bem e o nomeou para a aceitar e suportar com Ele. Bem, o amor a Cristo deveria impedi-lo de se cansar de suportar uma parte da cruz de Cristo, especialmente quando Ele próprio carrega a extremidade mais pesada dela, melhor dizendo, Ele carrega tanto você quanto sua cruz. Diz-se de Jacó que "assim, por amor a Raquel, serviu Jacó sete anos; e estes lhe pareceram como poucos dias, pelo muito que a amava" (Gn 29:20). Não deveríamos nós suportar alguns anos de aflição por amor ao nosso Senhor Jesus Cristo, que viveu uma vida de tristezas e morreu uma morte amaldiçoada por amor a nós? Se amássemos mais a Cristo, Sua cruz não seria tão entediante para nós.

5. Não deveria ser uma boa notícia para você que há um livramento para todos os seus problemas na morte, e que este tempo se apressa e está muito perto? Não esteja ansioso por um escape aqui nesta era, porque isso tem muito cheiro de incredulidade e amor ao mundo. Não parece que você estaria mais contente em ser devolvido novamente aos mares tempestuosos deste mundo do que estar segura e rapidamente acomodado em seu descanso lá em cima? Que estaria mais feliz com poucas misericórdias temporais na Terra do que poder entrar em sua herança eterna com Cristo?

Objeção 4

"Não é à toa, (disse alguém) que desanimo diante de minha aflição, pois quero essas consolações e sustento que Deus costumava reservar para os santos aflitos".

Resposta

1. Se Deus o está castigando atualmente por causa de seus pecados, você deve se contentar em sentir a amargura do pecado, antes de provar as consolações.

2. Você pode dizer que suas aflições devidamente o deixaram mais humilde e apto para o consolo? Elas também o levaram a uma disposição de desistir e renunciar a todos os seus pecados prediletos, e até mesmo separar-se de todos os seus prazeres e confortos terrenos quando Deus o chama a fazê-lo, e se contentar com Deus apenas em Cristo, como sua felicidade e porção? Se isso não for feito, suas aflições não tiveram o devido efeito de prepará-lo para o consolo, e, até lá, você não pode esperar por ele. Você está nas mãos de um Médico sábio e hábil, que não curará e atará suas feridas às pressas, de modo a deixá-las apodrecer e deteriorar por dentro.

3. Embora você não tenha consolações plausíveis de Deus em suas provações presentes, você ainda deve labutar para manter-se no caminho do dever e viver pela fé em Suas promessas. Creia firmemente que Deus é bom para os que o amam, e que há perdão para o pecador penitente. E, se todas as estrelas retirarem sua luz enquanto você estiver nos caminhos de Deus, então, tenha certeza de que o Sol está perto de nascer.

Objeção 5
"Mas a minha aflição é tal que me incapacita de desempenhar meu dever e me torna inútil e sem valor. E isso me faz desanimar diante do meu fardo".

Resposta
1. Deus nunca envia aflições para incapacitá-lo, mas para despertá-lo para o desempenho do dever. Para fazê-lo se arrepender mais profundamente, orar mais fervorosamente, correr para Cristo com mais sinceridade e pensar no Céu mais intensamente.
2. Se a sua aflição o incapacitou a cumprir o seu dever para com os outros, então lembre-se de que, se Deus, em Sua providência, o incapacitou, não é mais um dever imposto a você. E não deve se ressentir se Deus retirá-lo e colocar outros em seu lugar. Deus é livre e soberano e não está preso a nenhum meio ou qualquer instrumento para realizar Sua obra.

Instruções 2 — Que os Filhos de Deus sejam exemplares em paciência e submissão a Deus diante de suas aflições.

Tratei da paciência e dei alguns motivos e auxílios a todas as pessoas em geral no capítulo 2, Instruções 5. Mas aqui trarei alguns argumentos especiais para a paciência e submissão cristãs, apropriadas aos crentes em Cristo. Vocês, a quem Deus tanto fez, mais do que aos outros, devem brilhar nesta graça da paciência e serem exemplos dela para os outros quando Deus os castiga, mesmo que com aflição muito dolorosa.

1. Estude a paciência sob aflição, pois este é o caminho comum e conhecido para o Céu, trilhado por todos os santos que foram para lá antes de você. Veja as marcas das pegadas de toda a nuvem de testemunhas nesta estrada. Você seria o único a escolher um caminho próprio? Quando Deus renovou solenemente Sua aliança com Abraão, e este preparou o sacrifício pelo qual era para ser ratificado e confirmado, Deus fez uma fornalha fumegante passar entre as partes do sacrifício (Gn 15:17) para que Abraão soubesse que havia uma fornalha de aflição presente na aliança da graça e paz, e tudo o que ela contém. Deus indicou que todas as pedras do edifício espiritual e celestial serão talhadas e polidas pela aflição aqui, e não devemos pensar que o caminho comum de Deus será mudado por nossa causa. Não devemos pensar em andar sobre rosas, quando tantos valorosos marcharam sobre sarças e espinhos a caminho do Céu.

2. Considere que as maiores aflições que você encontra são consistentes com o amor de Deus, melhor dizendo, fluem de Seu amor para você. Cada vara santificada é um presente e concessão real enviados pela mão de Deus para você: "Porque vos foi concedida a graça de padecerdes por Cristo e não somente de crerdes nele" (Fp 1:29). Bem, certamente, se olharmos para a cruz como uma dádiva e honra, e benefício e bênção, devemos suportá-la com paciência: "Bem-aventurado o homem, SENHOR, a quem tu repreendes" (Sl 94:12). Ó cristão, sua cruz temporal vem do mesmo amor de onde vem sua coroa eterna, de acordo com Apocalipse 3:19,21. Os homens não se esforçarão para corrigir servos teimosos, mas os atirarão para fora; contudo o amor os obriga a castigar seus filhos. Deus, por causa de Sua

ira, deixa muitos pecadores impunes neste mundo. Afinal, por que Ele deveria podar ou adornar a árvore que pretende lançar no fogo? O malfeitor escapa do flagelo a que está condenado à forca: "...o mau é poupado no dia da calamidade, é socorrido no dia do furor?" (Jó 21:30). Mas é muito diferente com os filhos de Deus. Essa é uma palavra estranha que Jó usa: "Quem é o homem, para que tanto o estimes, e ponhas nele o teu cuidado, e cada manhã o visites, e cada momento o ponhas à prova?" (Jó 7:17,18). Bem, se compararmos este lugar com os outros no contexto, veremos como ele reconhece que a mais intensa angústia provém do amor e cuidado de Deus, sim, de estabelecer Seu coração nele, para engrandecê-lo e fazer-lhe bem. E que para este fim Deus o castiga todas as manhãs e o põe à prova a cada momento! E o faz com tais aflições no presente que estão muito longe de serem exultantes, pois não dão à alma descanso, mas deixam o homem cansado de sua vida, à medida que ele expressa os efeitos que sua aflição teve sobre si. Sim, pode-se observar na providência de Deus, desde a fundação do mundo, que aqueles que tiveram mais aflições obtiveram mais graça e os testemunhos mais eminentes da aceitação divina. Jesus Cristo, o Filho de Deus, teve a maior das aflições, e ainda assim o Pai sempre o amou e teve prazer nele.

3. Considere os exemplos brilhantes de paciência que Deus coloca diante de você em Sua Palavra. Além da longanimidade do Seu querido Filho, o Senhor Jesus Cristo, do qual falei anteriormente, considere a paciência de Jó, quando dele foram arrancados todos os confortos terrenos e foi colocado sob as maiores aflições, mas ele calmamente se prostra, adora a Deus e diz: "Nu saí do ventre de minha mãe e nu

voltarei; o S%%ENHOR%% o deu e o S%%ENHOR%% o tomou; bendito seja o nome do S%%ENHOR%%! Em tudo isto Jó não pecou, nem atribuiu a Deus falta alguma" (Jó 1:21,22). Considere a paciência de Davi, quando ele foi expulso de seu trono, de sua casa e do santuário de Deus, e tudo isso por seu próprio filho; sim, quão submisso ele foi a Deus! "Eis-me aqui; faça de mim como melhor lhe parecer" (2Sm 15:26). E quando Simei o amaldiçoou e lhe jogou pedras, Davi pacientemente suportou e não o prejudicou em nada por causa disso: "Deixai-o; que amaldiçoe, pois o S%%ENHOR%% lhe ordenou" (2Sm 16:11). Considere a paciência do santo Eli, quando, embora tenha ouvido tais notícias que, como um súbito som de trovão, fizeram os ouvidos de quem as ouviu sentir um comichão e o coração deles tremerem, ele calma e silenciosamente submeteu-se a elas: "É o S%%ENHOR%%; faça o que bem lhe aprouver" (1Sm 3:18). Ele não se eleva à face de Deus em ardor, mas se prostra a Seus pés em humilde submissão. Observe, também, a maravilhosa paciência de Arão quando Deus o afligiu profundamente. Ele fica em silêncio e submisso debaixo da mão do Senhor: "Porém, Arão se calou" (Lv 10:3). Se considerarmos a grandeza da punição, veremos mais motivos para elogiar a grandeza de sua paciência. a) Arão perdeu seus filhos; não sua propriedade ou algo material, mas seus filhos. Estes são parte das entranhas de um homem. Outras perdas terrenas não são comparáveis a isso. Portanto, foi por isso que Satanás, esse inimigo astuto, reservou a morte dos filhos de Jó para o último momento, como sua grande obra-prima e ataque mais mordaz. O lamento e pranto de Raquel por seus filhos foi muito triste (Mt 2:18)! Porém, Arão se calou. b) Arão perdeu seus dois filhos ao mesmo tempo. Como

Davi implorou pateticamente pela perda de um filho! "Meu filho Absalão, meu filho, meu filho Absalão!..." (2Sm 18:33). Entretanto, Arão perdeu seus dois filhos ao mesmo tempo e não disse uma palavra; ele se manteve calado. c) Arão os perdeu subitamente, não houve qualquer aviso prévio. A enfermidade geralmente prepara os homens para o golpe que está por vir causada pela morte, mas Arão recebeu um golpe repentino. Mesmo assim ele permaneceu calado. d) Os filhos de Arão não foram levados por um simples golpe da mão de Deus, mas por uma vara sobrenatural, pois está escrito: "...saiu fogo de diante do SENHOR e os consumiu; e morreram perante o SENHOR" (Lv 10:2). Ele os perdeu de tal forma que poderia reclamar da ira de Deus. Bem, um pai religioso preferiria perder todos os seus filhos no favor divino do que um filho em Sua ira. No entanto, quaisquer que fossem os ingredientes amargos desse cálice, Arão não ficou impaciente com Deus por ter causado isso para ele, mas manteve-se calado porque foi Deus quem o fez.

4. Para mantê-lo paciente diante de suas provações, apenas compare seu caso com o de outros. Não diga que não há nenhum aflito como você, pois há tantos muito mais profundamente submersos nas águas de Mara do que você. Alguns ainda estão sobre grande sofrimento físico e mental e passam todos os seus dias e anos lutando e se esforçando continuamente: "Gasta-se a minha vida na tristeza, e os meus anos, em gemidos" (Sl 31:10). Você tem angústias intensas em seu corpo? Outros têm feridas dolorosas em sua alma. Você suporta a ira do homem? Outros suportam a ira de Deus. Você tem apenas uma única provação, outros têm muitas entrelaçadas juntas. Alguns têm suas consolações

arrancadas, você ainda tem consolações remanescentes. Você tem muitas coisas tristes em sua provação, mas ainda não tem motivo para reclamar como o salmista: "Todas as tuas ondas e vagas passaram sobre mim" (Sl 42:7). Veja o que o Filho de Deus, o que os apóstolos, o que os mártires e outros valorosos sofreram. Eles tiveram provações de cruéis zombarias, flagelos, algemas e prisões. Vagaram por desertos e montanhas, em covas e cavernas da terra, sendo carentes, aflitos, atormentados. Foram tentados, crucificados, apedrejados até a morte, serrados em pedaços, mortos à espada etc. E mesmo assim, de que forma maravilhosa levaram sua cruz? Paulo diz: "nos gloriamos nas próprias tribulações"(Rm 5:3). E o que diz Tiago? "Meus irmãos, tende por motivo de toda a alegria o passardes por várias provações" (Tg 1:2). Como se ele tivesse dito: "Regozijem-se mais e mais por serem afligidos. Deus os está engrandecendo, Ele os está visitando, fazendo bem a vocês, lançando mais dores em vocês e os preparando para a glória".

5. A ponderação sobre as antigas misericórdias e bondade de Deus para você deveria fazê-lo crescer em paciência em meio aos problemas e fazê-lo corar ao considerar como mau qualquer coisa que venha das mãos de Deus. Assim, Jó ensinou sua esposa impaciente: "Temos recebido o bem de Deus e não receberíamos também o mal?" (Jó 2:10). Ó cristão, não deixe sua aflição fazê-lo enterrar suas misericórdias no esquecimento. Deus não o tirou da família de Satanás e o colocou entre Seus filhos? Você esquecerá ou subestimará essa honra? Ele quebrou seus grilhões, tirou suas roupas de prisão e o colocou em liberdade. E você será ingrato? Ele lhe deu Cristo por seu tesouro e porção e lhe deu direito

a Suas riquezas insondáveis. E você será ingrato? Ele lhe deu as graças de seu Espírito, que são mais preciosas que rubis, e você discutirá quando Ele ferir algumas coisas exteriores? Ele o fez um herdeiro da glória e construiu mansões eternas lá em cima para você, e você ficará inquieto por falta de algumas ninharias aqui? A visão que Moisés teve da recompensa no Céu fez ele escolher sofrer aflição com o povo de Deus.

6. A duração da aflição é geralmente o gracioso momento do encontro de Deus com Seu povo, o momento dos mais raros consolos e mais doces prenúncios do Céu a eles, de acordo com 2 Coríntios 1:5. Paulo e Silas nunca cantaram mais alegremente do que quando foram colocados no interior da prisão, com suas costas dilaceradas pelos açoites, e seus pés presos ao tronco (At 16:24). E quando foi que Jacó viu os anjos de Deus subindo e descendo a escada entre o Céu e a Terra, senão quando ele estava em grandes dificuldades, forçado a deitar-se em campo aberto, não tendo abrigo a não ser os céus, e nenhum travesseiro senão uma pedra? Quando foi que os três jovens viram Cristo à semelhança do Filho do homem andando com eles? Quando estavam na fornalha, quando estava mais ardente do que de costume. Quando foi que Ezequiel teve uma visão de Deus, senão quando estava sentado sozinho às margens do rio Quebar na terra de seu cativeiro? Quando foi que João teve uma visão gloriosa de Cristo, senão quando estava em exílio na ilha de Patmos? E quando foi que Estevão viu os Céus abertos e Cristo em pé à direita de Deus intercedendo por ele, senão quando eles o estavam apedrejando e ferindo até a morte? De modo que as experiências mais notáveis da bondade de Deus que os cristãos têm neste mundo aconteceram em tempo de aflição.

A reflexão sobre isso, deveria fazer que todos os cristãos esperassem no Senhor e suportassem sua cruz com paciência.

7. Quando você é levado à paciência e submissão cristãs debaixo da mão de Deus, isso contribui muito para a credibilidade da religião e para a convicção do mundo de que há uma certa realidade nas verdades do evangelho e uma grande eficácia na graça de Deus, que o sustenta e o ajuda a passar pelas dificuldades, que vai além da força natural.

8. Ó cristão! Suporte com paciência debaixo da cruz, pois não será por muito tempo. A ira de Deus sobre a Igreja permanece apenas por um instante, sim, um breve momento: "Vai, pois, povo meu, entra nos teus quartos e fecha as tuas portas sobre ti; esconde-te só por um momento, até que passe a ira" (Is 26:20). Certamente, um momento, um breve momento, que é a menor parte do tempo, logo acabará, e você não terá paciência por um momento? O salmista apoiou-se nesta consideração: "Não repreende perpetuamente, nem conserva para sempre a sua ira" (Sl 103:9). O tempo da indignação logo acabará, e o tempo da consolação chegará. Ó cristão, o fim de todas as suas provações está próximo. Reflita sobre isso e espere-o! É dor física ou enfermidade que é a sua aflição? Então considere, o fim disso será vida ou morte. Se morte, então o que você sofrer será a última crise; suporte-a pacientemente. Aqueles inimigos que você agora vê, não os verá novamente. Nas mansões lá em cima, não há dor nem choro: os habitantes de lá nunca dirão que estão doentes, e uma hora com eles lhe fará esquecer todas as suas aflições momentâneas. Se terminar em vida, você terá vergonha quando estiver bem, pois não teve mais paciência enquanto doente.

Concluirei essas instruções com as palavras do apóstolo Tiago: "Irmãos, tomai por modelo nos sofrimentos e na paciência os profetas, os quais falaram em nome do Senhor. Eis que temos por felizes os que perseveraram firmes. Tendes ouvido da paciência de Jó e vistes que fim o Senhor lhe deu; porque o Senhor é cheio de terna misericórdia e compassivo" (Tg 5:10,11).

Instrução 3 — Que os cristãos sejam muito mais aplicados nos louvores a Deus, enquanto estiverem sob aflição por causa de enfermidade ou por outra causa.

Devemos bendizer ao Senhor o tempo todo e manter bons pensamentos sobre Deus em todas as ocasiões, especialmente em tempos de aflição. Por isso, espera-se que glorifiquemos o Senhor no fogo (Is 24:15). E isso os três jovens fizeram na fornalha ardente. Então, Jó bendisse a Deus quando Ele havia tirado seus maiores consolos (Jó 1:21). E isso é compatível com esta ordem: "Em tudo, dai graças" (1Ts 5:18). Concordo, na verdade, que não podemos agradecer pela aflição como aflição, mas como sendo o meio de algum bem para nós ou como a mão graciosa de Deus de alguma forma notável para nós. A esse respeito, não há condição deste lado do inferno, mas temos motivos para louvar a Deus mesmo nas maiores calamidades. Foi assim que Davi, ao falar de sua aflição, acrescentou: "Tu és bom e fazes o bem" (Sl 119:68). E anteriormente, no versículo 65, ele declarou,: "Tens feito bem ao teu servo, Senhor, segundo a tua palavra". Por isso Paulo e Silas louvaram a Deus quando foram açoitados e presos.

Bem, então, ó cristão, obedeça à ordem do seu Deus e imite a prática de Seus valorosos, louvando a Deus sob a aflição.

1. Essa prática é muito agradável e aceitável para Deus, pois, como a música é mais doce nas águas, assim o louvor de uma alma aflita nas águas da tribulação é mais agradável a Deus. É uma marca do espírito nobre e generoso cantar louvores pela bondade de Deus enquanto Sua mão nos aflige. A aflição e o perigo farão o mais perverso orar, mas é o princípio de amor e gratidão que faz a sua alma louvar.

2. Traz credibilidade à religião ver os santos agradecidos e louvando a Deus sob a cruz. Faz as pessoas reconhecerem: "Com certeza, eles encontram doçura em Deus e em Seus caminhos que nós não vemos. Eles têm carne para comer que o mundo não conhece". E isso convidaria estranhos vir a ter uma vida religiosa. Os alegres louvores dos mártires na fogueira em chamas faziam com que as pessoas voltassem para casa com amor à religião em seus corações.

3. Se a questão de sua aflição for a morte, esse uso do louvor seria uma doce preparação para habilitá-lo e inclina-lo à obra celestial. Disponha-se muito para esta vida celestial e esteja frequentemente tentando a cantar a canção de Moisés e do Cordeiro em tempos de enfermidade e tribulação. Isso adoçará os pensamentos sobre a morte e o inclinará a estar lá, onde o louvor é o seu constante ofício.

Pergunta

"O que deveria ser o motivo da ação de graças de um cristão sob aflição"?

Resposta

Ele tem múltiplas razões para louvar.

1. Pela quantidade das misericórdias de Deus para ele na parte passada de sua vida. As misericórdias divinas para você, ó cristão, não podem ser contadas. Compare suas misericórdias com suas cruzes, e você logo verá que o que recebe é muito maior do que os seus sofrimentos. Você tem muitos dias de abundância para um dia de escassez, muitos dias de liberdade para um dia de restrições, muitos dias de saúde para um de enfermidade. E não são eles para serem lembrados com louvor?

2. E, mais particularmente, na maior aflição, você tem motivo para louvar a Deus, ó cristão, porque nasceu em uma terra de luz, onde você tem os meios para a conversão a Deus e o conhecimento de Jesus Cristo. E, especialmente, que Deus, em Sua graça, tornou esses meios eficazes para acionar a graça salvadora em você, enquanto outros são deixados para trás. Não é motivo de louvor que Ele tenha aberto seus olhos, tornado sua alma humilde e renovado seu coração; que lhe tenha dado Cristo, perdoado seus pecados, adotado você em Sua família e lhe tenha feito um herdeiro do Céu? Ah, como seria triste se você ainda estivesse em seus pecados e na escravidão de Satanás; se você tivesse que, para começar, realizar a conversão; se tivesse que buscar sua fé, justificação e interesse em Cristo, precisasse fazer toda a sua preparação para ir ao Céu e se tivesse que fazer tudo isso com o corpo enfermo e dolorido e a mente desordenada, que não pode ordenar um pensamento fixo, com as terríveis visões da morte e da eternidade diante de seus olhos! Essa é a situação na qual Deus, em Sua justiça, poderia tê-lo deixado. Bem, então, você não deveria louvar a Deus, que enviou Seu Espírito Santo a tempo de determinar que seu coração fosse

a Cristo, e se reconciliar com esse Deus a quem você está prestes a ver diante de si, e que esses pecados, que agora teriam sido seu terror, são todos perdoados e lavados através do sangue de Jesus Cristo?

3. Não é motivo de louvor, durante sua maior aflição, que você tenha um grande Sumo-Sacerdote, que entrou nos Céus para providenciar uma mansão com o Pai para você, e para receber sua alma, quando separada do corpo: "para que, onde [Ele está], estejais vós também"?

4. Você tem motivos para bendizer a Deus por Ele enviar tais precursores apropriados, como enfermidade e aflições, para lhe dizer que a morte está se aproximando, e que Ele deveria infligir dores em você, para desmamá-lo do mundo e fazê-lo estar inclinado a ir embora. Muitos do povo de Deus que eram contrários à morte no início de uma enfermidade, pelo agravamento e continuidade dela, foram levados a ficarem bem satisfeitos em partir, para que pudessem estar com Cristo.

5. Você tem motivos para bendizer a Deus por escolher tão bem o tempo das suas aflições, a ponto de não as enviar até que Ele visse que você precisava delas. Deus viu uma necessidade delas (1Pe 1:6) e Ele não o deixaria ficar sem aquilo que fosse necessário.

6. Você deve louvar a Deus por Ele atenuar suas provações e não colocar fardos mais pesados que você possa carregar, pois, quando Ele lhe dá uma vara, não faz dela um escorpião. Porque, quando Ele o priva de um consolo e prazer, não lhe arranca todos e o deixa totalmente desconsolado. Porque, quando você sofre por algo, Ele não o faz sofrer por todas elas, na alma, no corpo, nos bens materiais, nos relacionamentos

conjuntamente. Visto que, em vez de afligi-lo por alguns dias, Ele não faz de toda a sua vida uma cena de miséria e aflição. Bendiga a Deus porque Ele o pune menos, indescritivelmente menos, do que suas iniquidades merecem. Pois seu leito de morte não é o inferno, sua febre nunca arde eternamente, sua dor não é o tormento do verme que nunca morre.

7. Você tem motivos para louvar a Deus porque sua aflição não é tão grande como a de alguns outros, mesmo de alguns que foram muito queridos por Deus e que não o entristeceram tanto quanto você o faz. Lembre-se das provações que alguns sofreram, dos quais o mundo não era digno, que mencionei anteriormente, como registrado em Hebreus 11. A sua não é nada comparada à deles, nada comparada à de Jó, aquele eminente servo de Deus. Observe essa diferença com ação de graças e louvor.

8. Você tem motivo para bendizer a Deus pela força e sustento que Ele lhe tem dado em tempos de aflição. Você logo afundaria e sucumbiria debaixo de um pequeno fardo se Ele não o sustentasse com Sua graça. Mas, quando Deus o sustenta, a provação mais intensa não o afunda. Você já não se encontrou em aflição e pensou que nunca teria sido capaz de suportá-la? No entanto, quando elas vieram, você as considerou leves e suportáveis, em razão da força que Deus lhe concedeu.

9. Você tem motivo para apresentar ação de graças, porque as misericórdias e bênçãos que Deus lhe concedeu são muito maiores do que aquelas que Ele tirou de você, pois, embora o Senhor lhe tenha privado dessa ou daquela bênção temporal, Ele não lhe privou de Cristo, nem de Seu Espírito Santo. Ele não o separou de Seu amor, nem retirou

de você todas as esperanças do Céu. Por maiores que sejam suas provações, ainda há uma mistura de misericórdia em sua porção, que deve ser motivo de louvor.

10. Você tem motivo, ó cristão, para bendizer a Deus, por todas as aflições que Ele traz sobre você serem em amor e para seu benefício. Todos os Seus caminhos são misericórdia e verdade para você. Se Ele sorri, é em misericórdia; se fere, é em misericórdia. Deus pode mudar Sua dispensação em relação a Seus filhos, mas nunca Sua disposição: o coração dele ainda está voltado para eles, e as cordas com as quais os açoita são cordas de amor. O benefício deles é o que Deus mais almeja, em todos os seus castigos (Hb 12:10). Ele planeja assim resgatá-los de suas andanças, cortar provisões para suas luxúrias, fazê-los ofegar e desejar por uma melhor situação e fazê-los corrigir seus passos em direção a Ele. Por isso Davi disse: "Antes de ser afligido, andava errado, mas agora guardo a tua palavra" (Sl 119:67 e 71). Aparentemente você tem muitos motivos de louvor, mesmo em tempos de aflição.

Instrução 4 — Que os filhos de Deus, quando visitados pela enfermidade, comecem reais preparativos para a morte e a eternidade.

Todos os cristãos têm sua principal obra completada e sempre estão em estado de graça em razão de sua união com Jesus Cristo, sua reconciliação com Deus através dos méritos do sangue de Cristo e a transformação universal que é realizada neles pela graça regeneradora e santificadora, mediante a qual todos os filhos de Deus estão habitualmente preparados para o encontro com a morte. No entanto, pelo fato de que, quando a enfermidade vem, frequentemente há muitas coisas fora de ordem com eles as quais tornam a morte indesejável, eles precisam começar a verdadeira preparação para a morte e procurar ter sua alma pronta para a vinda do Noivo. E aqui mostrarei no que consiste a real prontidão dos cristãos, que deve ser seu trabalho esperado em tempo de enfermidade, especialmente quando a enfermidade é persistente e não destrói o uso da razão. Mas cuidado ao pensar que isso deva ser adiado até que a enfermidade venha: Não, não; o tempo da saúde é a principal época para se trabalhar, e todos devem então se pôr a labutar, tão logo quanto possível. Mas, visto que até os melhores geralmente encontram muito a fazer no final, darei os seguintes conselhos para a sua verdadeira prontidão:

1. Já que a enfermidade é um meio designado por Deus para o bem de Seu povo, e particularmente para habilitá-los para um mundo melhor, labute sinceramente para colher o benefício dela. Busque a bênção de Deus sobre ela, para que assim você possa ser ajudado a descobrir mais sobre o mal do pecado. Que você possa odiá-lo e abominá-lo mais, que possa ver mais efetivamente a vaidade e o enfado do mundo, e tenha seu coração separado de todas as coisas temporais e levado a uma disposição de ser desvanecido para que possa estar com Cristo.

2. Sabendo que o tempo da morte e da enfermidade é o momento de sua maior necessidade, implore sinceramente a Deus, pelo amor de Seu Redentor, tal assistência especial, influências e obras de Seu Espírito Santo, que Ele sabe ser necessário para você em sua atual condição rebaixada e fraca, a fim de continuar e completar sua verdadeira prontidão

para encontrar-se com Ele na morte, entrar no mundo invisível e ser colocado inalteravelmente em seu estado eterno.

3. Renove a prática do arrependimento e da fé no sangue de Cristo, para a remoção de todos os motivos de intriga e controvérsia entre Deus e sua alma. E, para isso, reveja sua vida e sonde seu coração também, procurando todos os pecados predominantes e o ídolo da inveja, pois, se houver alguma iniquidade reconhecida em seu coração da qual você não se arrependeu, ela poderá ocasionar uma grande angústia e amargura de espírito na hora da morte. Bem, quando você descobrir pecado, humildemente o confesse e lamente diante do Senhor, e peça-lhe perdão através do sangue de Jesus Cristo, o Filho de Deus, que purifica de todo o pecado. Sim, confesse todos os seus pecados e particularmente reflita sobre a fonte deles, a saber, seu pecado original. Conheça a praga do seu próprio coração e lamente por isso. Lamente pela perda e desperdício de tempo tão precioso. Lamente pela inutilidade de sua vida. Quando o machado estiver posto à raiz da árvore, pela enfermidade, é hora de lamentar por sua improdutividade diante dos meios da graça e do derramamento do Espírito Santo. Lamente por seus pecados contra tal luz e amor que foram durante muitos dias demonstrados a você no glorioso evangelho. E, de uma maneira especial, lamente por seus pecados de omissão, que geralmente são pouco lembrados por nós. Assim, pranteie por todos os seus pecados até molhar sua cama com suas lágrimas. É melhor que a morte encontre cada homem, mesmo cada filho de Deus, no exercício da lamentação e arrependimento, pois aqueles que semeiam em lágrimas colherão eternamente em alegria. Mas certifique-se de que suas lágrimas corram pelo

canal do evangelho e fluam das visões que creem no Cristo crucificado, a quem você traspassou em seus pecados. E, em meio a seu lamento, continue almejando cravar as garras da fé nas fendas das rochas, para abrigar sua alma da culpa dos pecados passados. Diga: "Senhor Jesus, não tenho refúgio além das Tuas feridas, nenhuma fonte a não ser o Teu sangue, nenhum esconderijo a não ser Tua justiça. E como livremente ofereces Teus méritos para minha proteção e convidas até mesmo o principal dos pecadores a vir até ti, dizendo: 'Olhai para mim e sede salvos', Senhor, eu recebo a oferta, e corro para ti a fim de me esconder". Ó cristão, faça isso, não uma ou duas vezes, mas faça-o cem vezes mais, mas faça-o tantas vezes quanto você tiver fôlego no mundo. Aquiete-se ansiando, até o fim, pelo Jesus crucificado, para alívio da culpa do pecado que você está sempre cometendo, e estará, até que a casa terrena deste tabernáculo seja destruída.

4. Para que sua prontidão vá ao encontro do Noivo, quando lhe chegar por meio da morte, você deve agir como as virgens prudentes: "…se levantaram [...] e prepararam suas lâmpadas" (Mt 25:7). Assim como não basta ter uma boa lâmpada de confissão, também não basta ter apenas o azeite da graça na lâmpada. Não, nem o ter queimando em certo nível. Há mais requisitos neste momento. Para que a alma possa estar realmente pronta, a lâmpada deve estar preparada, o que implica: a) Um suprimento a mais de azeite. Você deve procurar ter sua graça aumentada, ter novos níveis, nova força e novas provisões de graça dadas por Deus, para habilitá-lo para o último conflito com seus inimigos espirituais e, especialmente, o último inimigo, a

morte. b) Implica em agitar o azeite, em elevar o pavio um pouco mais, de forma a haver uma estimulação da graça, que pode estar em uma condição de declínio. Você deve se esforçar para a agitar e elevar à uma prática mais vívida e atos mais elevados. Desperte o dom que que está em você. Deixe o azeite queimar e brilhar. Leve fé, amor, arrependimento e desejos sagrados à uma prática vívida. c) Esse preparo implica na limpeza da lâmpada, retirando as cinzas inanimadas que dificultam o brilho da luz, ou a impedem de brilhar tão claramente como brilharia. Desse modo, você deve labutar para tirar as cinzas mortas da corrupção que dificultam o brilho da graça, remover toda a incredulidade, mundanismo, mortalidade, ego e formalidade, e qualquer outra coisa que suprima o exercício da fé, do amor e da mente celestial, permitir que todas essas cinzas sem vida sejam lançadas fora pelo arrependimento e mortificação. Como você deve se esforçar sinceramente contra todos aqueles males do coração no tempo da saúde, então agora labute para lhes dar um golpe fatal quando o prenúncio da morte lhe der uma intimação.

5. Seja diligente em reunir todas as suas evidências para o Céu e a vida eterna, para que você não venha a se aventurar no vale escuro com uma incerteza. O consolo de morrer dependerá muito da clareza de suas evidências. Portanto, é sábio examiná-los cuidadosamente e ver se você pode dizer: "Sei em quem tenho crido; aceitei com minha alma o método de salvação estabelecido na aliança da graça. Estou desejoso de que a glória dela seja eternamente atribuída à livre graça de Deus e a criatura seja totalmente humilhada à Sua vista. Escolhi Deus por minha porção e Cristo por

meu único Salvador, e a felicidade que almejo é desfrutar de Deus em Cristo para sempre. E, para isso, dependo do Espírito Santo para aplicar a redenção que Jesus Cristo comprou para mim, e para me santificar perfeitamente. Não há pecado que não odeie e do qual não deseje me separar. Preferiria ter mais santidade do que ter saúde, riqueza e todos os prazeres do mundo. Desejo sinceramente o florescimento do reino de Cristo, e prefiro Jerusalém à minha maior alegria". Se essas suas evidências forem claras, você pode alegremente pegar a morte por sua gélida mão, dar as boas-vindas aos seus mensageiros sombrios e desejar ir embora para que possa estar com Cristo. Você pode dizer como Davi: "Ainda que eu ande pelo vale da sombra da morte, não temerei mal nenhum, porque tu estás comigo" (Sl 23:4). Você pode sair de cena com as palavras do salmista na boca: "Nas tuas mãos, entrego meu espírito; tu me redimiste, SENHOR, Deus da verdade" (Sl 31:5).

6. Labute sinceramente para vencer o amor à vida e os medos da morte, de modo a se contentar em se separar de todas as coisas daqui ao chamado de Deus. Ó cristão, o que há nesta Terra para tentá-lo a retroceder, quando Deus o chamar para partir? Enquanto estiver aqui, você pode registrar sua conta com muitas perdas, cruzes, decepções, tristezas e calamidades de todos os tipos. Os amigos falharão com você, os inimigos o odiarão, luxúrias o molestarão, Satanás o tentará, o mundo o enganará. A morte é o caminho que os mais queridos dos santos de Deus e toda a nuvem de testemunhas trilharam antes de você. Sim, o Senhor Jesus, seu Cabeça, trilhou esse caminho, retirou o aguilhão da morte e abriu caminho através de seu vale escuro, por onde Seu

povo pode segui-lo com segurança. O Capitão de sua salvação se foi antes de você. E algum de seus soldados temerá em segui-lo? Você está satisfeito em sempre permanecer à mesma distância dele e usufruir de Sua presença não mais do que a usufrui agora? Você está satisfeito em viver para sempre sem mais conhecimento de Deus, sem mais amor a Cristo, sem mais santidade ou mente celestial, do que no momento você tem? Você não geme sob a ignorância que ainda lhe resta, sua mortalidade, andanças, orgulho, paixão, incredulidade, egoísmo, mundanismo e outros pecados e luxúrias que aqui o assolam? E você não deseja ir ao lugar onde estará eternamente livre de todos eles, e onde nunca reclamará de coração enfadonho, morto ou sem sentido, ou nunca mais de qualquer desânimo ou andança, pois lá o coração será então como um pilar fixo no Templo de Deus e não sairá mais. A adoração e louvores eternos a Deus serão o prazer e o componente da alma para sempre. Por tais considerações, esforce-se para vencer os medos da morte e os desejos da vida, que muitas vezes são grandes obstruções para o povo de Deus em sua preparação para a remoção.

7. Esteja frequentemente meditando sobre a glória celestial que em breve todos os cristãos verão e desfrutarão. Contemple a gloriosa companhia lá de cima. Eis que Cristo está em Seu glorioso trono à direita de Deus, e Abraão, Davi, Pedro, Paulo e todos os outros fiéis, com suas coroas de justiça, celebrando o seu Redentor. Pense, ó cristão! Quão feliz será esse dia, quando você se encontrar com seu Pai e seus irmãos, e quando você vir seu irmão mais velho no trono, pronto para dar a sentença em seu favor. Que melodia esta frase soará em seus ouvidos: "Vinde, benditos de meu Pai"!

Como você se sentirá quando Ele colocar a coroa da glória em sua cabeça? "Ó amor eternamente livre!", você bradará; "Ó Salvador! Tu usaste uma coroa de espinhos, para que eu pudesse usar uma coroa de glória; gemeste na cruz, para que eu agora cante. Maravilhoso amor gratuito que me escolheu, quando milhares não foram escolhidos; que me salvou da ruína quando meus companheiros de pecado queimam no inferno para sempre". Pense em como será impressionante encontrar com seus conhecidos piedosos no Céu, com os quais orou, louvou e conversou aqui. Você não clamará então: "Ó meus irmãos, que mudança há aqui! Este lugar glorioso não é como as pobres habitações que tivemos na Terra. Este corpo, esta alma, este estado, este lugar, nossas roupas, nossa companhia, nossa língua e nossos pensamentos são muito diferentes daqueles que tínhamos então! Os corações ruins, o corpo de morte, as corrupções e as tentações das quais reclamávamos, todas já se foram. Não temos medo da morte ou do inferno, não há mais utilidade para o arrependimento ou oração, fé ou esperança. São todos agora absorvidos em visão imediata, amor eterno, alegria e louvor". E para seu auxílio, ó cristão, em meditar sobre essas coisas, leia algumas partes do livro do Apocalipse, ou peça a alguém para lê-las para você, e suponha que você tenha sido um companheiro de João na ilha de Patmos e tenha tido visão tal da majestade gloriosa, dos tronos brilhantes, dos exércitos celestiais, do esplendor brilhante que ele viu, dos santos em suas vestes brancas, com coroas em suas cabeças e palmas em suas mãos, e os tenha ouvido cantando a canção de Moisés e do Cordeiro e ressoando Aleluias eternas. Que êxtase celestial no qual você teria estado! Bem, então, ó cristão, você em breve terá visões mais claras e doces do que todas aquelas que João, ou qualquer um dos santos, jamais teve aqui na Terra. Certamente que a glória celestial é um assunto digno de seus pensamentos e mais apropriado para você meditar em tempo de enfermidade e diante da visão da morte.

8. Também seria muito adequado neste momento, para sua verdadeira prontidão para a morte, estar frequentemente vigiando e desejando a vinda de Cristo. Da mesma forma que Abraão estava à porta de sua tenda, pronto para ir adiante a fim de encontrar os anjos que lhe foram enviados, assim deveria o cristão manter-se em uma postura de espera neste momento. Ele deveria ser como a esposa amorosa, que deseja e aguarda a vinda de seu marido ausente, de acordo com as cartas dele para ela: *A essa altura (ela pensa), ele estará em tal lugar e depois estará em outro lugar. Assim em poucos dias o verei.* Esse é o caráter dos cristãos. Eles são como aqueles que amam Sua vinda (2Tm 4:8). Desejam Sua vinda: "Vem depressa, amado meu (Ct 8:14); igualmente vem, Senhor Jesus, vem rapidamente". Os cristãos deveriam se ver como peregrinos aqui, vagando em um deserto, ausentes de casa e distantes da casa de seu Pai. E, em tempos de aflição, lhes é muito apropriado clamar como Davi: "Quem me dera asas como de pomba! Voaria e acharia pouso. Eis que fugiria para longe e ficaria no deserto. Dar-me-ia pressa em abrigar-me do vendaval e da procela" (Sl 55:6-8). Ó! Quando o tempo da minha peregrinação e os dias do meu banimento findarão, para que eu possa voltar para casa, para o meu país e amigos lá de cima? Ó, meu Senhor se foi, meu Salvador deixou a Terra e entrou em Sua glória. Meus amigos e irmãos

foram para seu descanso bendito, onde veem a face de Deus e cantam o seu louvor para sempre. E como posso estar disposto a ficar para trás quando eles se foram? Devo ficar aqui pecando enquanto eles estão servindo a Deus lá em cima? Devo ficar gemendo e suspirando enquanto eles estão celebrando e dividindo o despojo? Certamente vigiarei por eles e clamarei: "Ó Senhor! Quanto tempo? Quando estarei com meu Salvador e meu Deus?".

Instrução 5 — Que os cristãos, em tempos de enfermidade, esforcem-se em tudo que puderem para glorificar a Deus e edificar aqueles que estão ao seu redor mediante palavras e comportamento.

Se em algum momento, um filho de Deus estiver ativo na promoção da honra e glória divinas, deve ser em tempos de enfermidade e quando a morte possa estar se aproximando. E há boas razões para isso, pois...

1. Esta pode ser a última oportunidade que você terá para fazer qualquer coisa para Deus, e, portanto, deveria analisar para melhorá-la ao máximo. O Céu, para onde você vai, é o lugar onde receberá a sua recompensa. Mas lá não terá acesso para promover a glória de Deus, ao enaltecer Deus e Cristo, e a religião a pecadores ou cristãos fracos. Por causa disso, muitos dos filhos de Deus têm se contentado em adiar sua felicidade celestial por um tempo e permanecer na Terra por mais tempo. Li sobre certo mártir que, quando estava prestes a sofrer, expressou alguma tristeza por estar indo para aquele local, onde ele não prestaria mais nenhum serviço ao seu Deus, ou seja, no sentido acima explicado. E de outro que disse: "Se fosse possível haver um lugar para tristeza no

Céu, surgiria do cristão considerando que fez tão pouco por Deus enquanto estava na Terra". Agora é tempo de trabalhar, ó cristão! Ocupe-se enquanto é possível, segundo o exemplo de seu Salvador bendito: "É necessário que façamos a obra daquele que me enviou, enquanto é dia; a noite vem, quando ninguém pode trabalhar" (Jo 9:4). Essa reflexão deveria fazê-lo se tornar mais ativo, como Sansão antes de sua morte, que, quando não poderia ter mais oportunidade de servir a Deus e Sua Igreja, clamou a Deus, e disse: "Senhor Deus, peço-te que te lembres de mim, e dá-me força só esta vez" (Jz 16:28). E então ele se inclinou com toda a sua força para derrubar os pilares do templo de Dagom, estando disposto a sacrificar sua vida para destruí-lo.

2. O discurso sagrado e o comportamento dos cristãos moribundos podem, através da bênção de Deus, causar profunda impressão no coração de homens não regenerados, pois são testemunhas para eles. Aqueles que ridicularizaram o povo de Deus pela rigidez de seu viver e desprezaram seus conselhos e reprovações, como se procedessem do humor ou precisão, ainda começaram a atentar para suas palavras e ações quando os viram em leitos de morte e à beira da eternidade, e começaram a ter outros pensamentos sobre religião e santidade diferentes daqueles que antigamente tinham. Agora eles pensam que o homem está em boa determinação e falam sobre os pensamentos de seu coração. E se podem acreditar nele, deve ser agora. É muito convincente às pessoas carnais ver os cristãos suportarem com paciência sua enfermidade, ouvi-los falando bem de Deus — enaltecendo Seus caminhos — e regozijando-se em Deus como sua porção, em meio às suas dores

mais agudas, vê-los se comportando como aqueles que vão habitar com Cristo, sorrindo e louvando a Deus, quando os amigos estão suspirando e chorando por eles. Isso os faz pensar: *Certamente deve haver uma verdade na religião. Há uma diferença visível entre a morte dos justos e a dos ímpios.* Por isso, um perverso Balaão deseja morrer a morte dos justos e ter seu final como o deles. Isso deixou uma convicção sobre a consciência daquele jovem que disse ao seu negligente companheiro, depois de terem visitado o piedoso Ambrósio em seu leito de morte e verem como ele estava alegre e celebrando a aproximação da morte: "Ó que eu possa viver como tu e morrer como Ambrósio!". Ou melhor, que tais visões possam atraí-los não só para o desejo de morrer a morte dos justos, mas também decidirem viver suas vidas. Se os homens carnais virem os cristãos saindo do palco da vida com tanta confiança e alegria, como ficam aqueles que estão entrando no descanso eterno com Cristo e aqueles que estão saindo de um deserto povoado de uivos para uma gloriosa Canaã, esse pode ser um convite poderoso para eles irem e procurarem pela mesma felicidade.

3. Isso igualmente seria muito edificante e evidente a todos que temem a Deus. Quanto contribuiria para estabelecê-los na prática da santidade e os despertar em sua diligência em servir e glorificar a Deus nos dias de sua saúde, ouvir um cristão moribundo dizer: "De todo o tempo que vivi, não tenho consolo agora em refletir sobre uma hora exceto no tempo que gastei a serviço de Deus. Se fosse começar minha vida, eu remiria o tempo com muito mais cuidado. Uma hora em comunhão com Deus é muito mais doce do que muitos anos passados em prazeres mundanos. Venham aqui,

então, todos vocês que temem a Deus, e lhes direi o que Ele fez em favor de minha alma. Ó, provem e veja como Senhor é bom!

4. Considere o exemplo dos filhos de Deus em tempos anteriores, quão úteis e edificantes suas palavras foram, em tal momento, para todos que os cercaram. Mais adiante, pretendo insistir mais sobre isso.

Pergunta

"Mas como me comportarei para glorificar a Deus e edificar os outros quando estiver enfermo ou moribundo? Eu gostaria de algumas instruções particulares para isso".

Resposta

1. Você pode fazer isso através de sua paciência debaixo de dor e submissão à vontade de Deus em relação à situação, seja a vida ou a morte. É um tropeço aos outros ver cristãos inquietos quando em aflição e indispostos a deixar o mundo quando Deus os chama. Porém é mais convincente e probatório vê-los colocando-se à disposição de Deus, dizendo: "Que o próprio Deus escolha por mim; Ele é sábio e sabe melhor o que é necessário e mais adequado para mim, e não tenho vontade senão a vontade de Deus". Para qualquer homem, desejar viver quando Deus o chama para morrer, ou desejar morrer quando Deus o chama para viver, é igualmente um sinal de covardia, pois aquele que deseja viver tem medo de encarar a morte e aquele que deseja morrer fugiria de alguma calamidade e se abrigaria na morte. Mas o homem mais corajoso é aquele que pode morrer voluntariamente quando Deus o chama para morrer e viver da mesma forma

quando Deus o chama para viver. Essa é a verdadeira coragem cristã.

2. Através de exortações piedosas e avisos àqueles que estão à sua volta. Pode ser a última ocasião que você tenha para glorificar a Deus dessa maneira. Ó, não perca o tempo que pode ser melhorado de forma útil para o bem das almas. Pois assim um cristão pode trazer mais honra a Deus e mais benefícios às almas preciosas através de sua enfermidade e morte do que nunca ele fez através de toda sua saúde e vida no mundo, pois seus discursos têm mais peso para as pessoas em tal momento do que em qualquer outro. Por isso, os patriarcas, conhecendo a prevalência de tais palavras, instam José com o último desejo de Jacó: "Portanto, mandaram dizer a José: Teu pai ordenou, antes da sua morte, dizendo: Assim direis a José: Perdoa, pois, a transgressão de teus irmãos e o seu pecado, porque te fizeram mal..." (Gn 50:16,17). E, como devemos estar prontos para dar um bom conselho a todos quando estivermos no leito de morte, especialmente devemos nos preocupar com os filhos e parentes próximos. Eles são mais afetados do que os outros com a nossa enfermidade, e assim serão com o que dissermos. Nossas admoestações podem lhes fazer bem quando estivermos apodrecendo no pó.

Pergunta

"Qual deveria ser o assunto de nossos discursos e exortações para os outros em tal momento?".

Resposta

1. É muito apropriado enaltecer o Mestre que você serviu e a excelência do serviço a Ele àqueles que estão à sua volta. Conte-lhes sobre a equidade e a bondade das leis que você obedeceu, e a generosidade e fidelidade do Senhor a quem você adorou, amou e elogiou, e sobre a grandeza e eternidade da recompensa que você vai possuir. Que os filhos de Deus exaltem seu Pai, Seus cuidados e bondade com eles. Que os resgatados do Senhor engrandeçam seu Redentor e seu maravilhoso amor e sofrimento por eles. Diga aos outros que doçura e satisfação você encontrou em sua própria experiência em obedecer às ordenanças de Deus e em deveres secretos. Que consolo você encontrou em Cristo e nas promessas de Sua aliança. E assim, que seu último suspiro seja dado para exaltar e enaltecer a Cristo e Sua religião aos outros.

2. Alerte os outros sobre a vaidade deste mundo e de toda a sua riqueza e prazeres. Diga-lhes que eles podem ver, através de seu caso, que aquelas coisas com as quais as pessoas estão enfeitiçadas no dia de sua saúde não podem significar nada para um homem enfermo ou moribundo. Eles não podem nos confortar em nossas dores. Eles não podem trazer paz a uma alma perturbada. Eles não podem prolongar nossa vida em uma hora e muito menos podem salvar da ira de um Deus furioso. "Ó!", você pode dizer, "em que situação miserável estaria eu neste momento, se não tivesse uma porção melhor do que este mundo e nada a que recorrer além de suas riquezas e prazeres! Por isso, senhores, não coloquem seu coração nele, mas abandonem-no antes que sejam abandonados por ele, e escolham o que o sustentará no dia do mal".

3. Avise-os do mal do pecado e que maldade e engano você encontrou nele. Diga-lhes que, embora o diabo e a carne o façam olhar para o pecado como uma coisa inofensiva, o prazer logo desaparecerá, e um ferrão afiado será deixado. O pecado não parecerá algo leve quando a alma estiver entrando na terrível presença do Deus santo. Você daria mil mundos então por Cristo e o sangue da expiação para responder por seus pecados.

4. Conte-lhes sobre a grande diferença entre a escolha do piedoso e do ímpio. O piedoso escolhe a melhor parte, a que não pode ser tirada dele. Ele coloca seu tesouro no Céu, onde ninguém pode alcançá-lo, de modo que lhe fornece riquezas quando a enfermidade e a morte o assolam. Ó, mas como é tola a escolha do ímpio, que, por um momento de prazer carnal, perde sua alma imortal e felicidade eterna. Alerte-os para se importarem com a única coisa que é necessária, e não para cuidar bem de seus corpos para entregá-los aos vermes, mas para prepararem-se no presente para receber as ofertas de Cristo e garantir um interesse em sua justiça para abrigá-los no dia mal.

5. Diga-lhes sobre o mal da preguiça e negligência na obra de sua salvação, e exorte-os a se importar com isso e a fazê-lo com toda a sua força. Pois, embora alguns possam censurar e ridicularizar o povo de Deus agora por sua rigidez, diligência e zelo nas questões da religião, quando eles estiverem para morrer, estarão prontos para desejar que tivessem sido mais diligentes na obra da salvação, que tivessem amado a Deus, corrido para Cristo e o tivessem procurado e servido com toda a integridade de seu coração e alma, e clamando: "Ó, por um pouco mais de tempo! Ó, se Deus

nos recuperasse e nos desse mais uma vez saúde, quão diligentes seríamos!". E diga-lhes que aqueles que foram mais sérios e sofridos na obra da salvação, no entanto, quando eles estão para morrer, lamentam muito sua preguiça e negligência. Sim, aqueles que foram mais repreendidos pelo mundo por sua diligência e fervor frequentemente desejam naquele momento: "Ó, se tivéssemos sido mil vezes mais diligentes e laboriosos no serviço de Deus!".

6. Labute para persuadir os outros da preciosidade do tempo, da sabedoria de aproveitar melhor o tempo da juventude e da saúde e da grande tolice em adiar o arrependimento e deixá-lo para o leito de morte. Diga-lhes: "Creio agora, por experiência, que o tempo de enfermidade é o tempo mais inadequado para fazer qualquer coisa para o propósito da alma. Minha mente é tão desviada e indisposta pela enfermidade e pela dor para o trabalho espiritual, que não consigo alcançar qualquer compostura adequada capaz para isso. E como eu seria miserável se todo o meu trabalho tivesse que começar neste momento! Ó, tome como advertência e beneficie-se do tempo precioso, e especialmente o dia do evangelho, o tempo das batalhas do Espírito e o tempo da juventude, que é o tempo mais comum para a conversão de almas, e de levar pecadores ao conhecimento de Jesus Cristo!".

Instrução 6 — Que os filhos de Deus, quando enfermos ou morrendo, expressem uma grande preocupação com o avanço do reino de Cristo e da verdadeira religião na geração emergente.

O zelo e o vigor público, para o interesse de Cristo, estão cada vez mais em Seu povo em todos os períodos de suas vidas, porém mais especialmente neste momento. Quando Cristo estiver pronto para levá-lo ao Seu reino nos Céus, ó, não se despreocupe com o reino dele na Terra! Seria aceitável para Deus e agradável à vista dos homens vê-lo expressando uma preocupação calorosa pela época vindoura e pela promoção do bem-estar das almas de Seus filhos e de outros que viverão depois que você tiver partido. E já que você não pode mais ser útil para aqueles que deixar para trás, através de seus conselhos, exemplo, ou orações, como anteriormente, faça o seu melhor para eles agora. E os filhos de Deus podem evidenciar essa preocupação, de várias maneiras, em tempos de enfermidade.

1. Através de orações sinceras a Deus, tanto pela prosperidade de Sua Igreja quanto pelo florescimento da religião em geral, e também para seus filhos e parentes em particular, que eles possam ser uma geração santa e consagrada para servir a Deus e anunciar o Seu louvor no mundo, quando você deixar o palco da vida.

2. Confiando o cuidado da educação de seus filhos a tutores e guardiões que estarão muito preocupados com a alma deles e lhes darão exemplos e instruções piedosas em sua juventude e tenra idade.

3. Preenchendo seus últimos testamentos e desejos com muitos conselhos piedosos e pedidos solenes aos seus filhos e parentes em relação ao serviço a Deus e adoração a Ele em suas famílias e individualmente. Para que nunca venham a olhar para o seu testamento e os legados que lhes foram deixados, a não ser para ouvirem algo que possa influenciá-los, estimulá-los e edificar suas almas.

4. Honrando o Senhor com seus bens e deixando algo com o que Deus o abençoou para usos piedosos, particularmente para a educação religiosa dos filhos dos pobres, para comprar Bíblias para eles, e outros livros excelentes, e para a propagação do conhecimento cristão em lugares onde ele não existe, como nas Terras Altas[7] e ilhas, construindo e mantendo escolas lá. Que glorioso trabalho iniciado e muito avançado por essa honorável Sociedade em Edimburgo, cujo tesoureiro está pronto para receber doações de todos a quem o Senhor desejar tocar para fazer uma oferta espontânea para promover esse plano piedoso! Muitas pessoas piedosas já contribuíram com essa sociedade e seria desejável que outros, a quem Deus capacitou para tanto, se importassem com isso antes de morrer, pois por experiência desastrosa podemos observar que os pais mais piedosos não sabem como seus filhos empregarão os bens que lhes deixarão, se como combustível para suas luxúrias ou como azeite para alimentar as lâmpadas no santuário de Deus. É apropriado para esses pais, então, antes que deixem o palco da vida, se livrar de alguma parte de suas posses para a glória e serviço do Deus que lhes deu tudo.

5. Pode contribuir para promover a piedade e para causar as mais profundas impressões na mente de seus filhos e amigos, se, sob os avisos da morte, você imitar o exemplo do profeta Elias, que durante sua vida escreveu uma carta para ser entregue ao rei Jeorão após sua morte (2Cr 21:12). Então, da mesma forma, você poderia escrever cartas e deixá-las nas mãos de seus amigos e testamenteiros, cheias de conselhos,

---

[7] Região montanhosa no Noroeste da Escócia.

pedidos, admoestações, consolações ou ameaças, para serem entregues aos seus filhos ou amigos, em casos de conversas deles tanto boas quanto ruins após sua morte — cartas que provavelmente seriam mais respeitadas por eles do que os conselhos que você lhes deu no tempo de sua vida. Pois, em algum aspecto, elas seriam recebidas e lidas por eles como se fossem cartas do Céu.

Instrução 7 — Que os filhos de Deus labutem para se fortalecerem como puderem contra todas as tentações e agressões de Satanás, com as quais eles podem esperar se encontrar em tempo de aflição.

O tempo de aflição é comumente um tempo de tentação, pois a velha serpente conhece a estação mais apropriada para atacar os filhos de Deus e ela não vai deixar de se beneficiar dessa oportunidade vantajosa para atacar as pobres almas. Quando o faraó ouviu que o povo estava preso no deserto, ele o perseguiu. Então, quando Satanás vê uma alma aprisionada na angústia e aflição, ele crê que é a melhor hora para atacar. Ele procura retirar e peneirar a graça do cristão, e, portanto, ele vem quando o milho está sendo debulhado. Quando Jó teve sua propriedade, saúde e todos os outros bens atacados, então esse covarde cai sobre ele e o tenta a ser impaciente, a murmurar e a ter pensamentos errados sobre Deus.

Neste momento, ó cristão, você tem uma necessidade especial de estar a postos e vigilante. Lembre-se sempre que, quando a enfermidade ou os problemas chegam, o príncipe deste mundo também vem. Levante-se então para se defender e vista sua armadura, especialmente o escudo da fé, para que você possa apagar os dardos inflamados do diabo.

Neste momento, você precisa colocar em prática a instrução de nosso Senhor: "Vigiai e orai, para que não entreis em tentação". Ore por sabedoria e habilidade para combatê-lo e para que você não ignore suas artimanhas. E ore particularmente por graça para torná-lo à prova de todas as suas falsas representações de Deus e Sua providência para você, porque aquele que ousou representar Jó falsamente diante do Deus que tudo vê e tudo sabe representará com mais ousadia Deus falsamente para você, que vê e sabe tão pouco. Ele estará pronto para tentá-lo a pensar que Deus está zangado com você e está lidando com você como um inimigo. Assim, Jó foi tentado: "Eis que Deus procura pretextos contra mim e me considera como inimigo. Põe no tronco meus pés e observa todas as minhas veredas" (Jó 33:10,11). Mas observe o que Eliú responde: "Nisto não tens razão, eu te respondo; porque Deus é maior do que o homem. Por que contendes com ele, afirmando que não te dá contas de nenhum dos seus atos?". Já que falei anteriormente sobre os pensamentos errados sobre Deus que somos capazes de alojar em tempo de aflição no capítulo 2, Instrução 3, continuarei a falar de algumas outras tentações com as que Satanás ataca o povo de Deus quando este está em situação de angústia e fornecerei algumas respostas para isso.

Tentação 1

Diz o tentador: "Você não é nada senão um hipócrita. Todas as suas atuações religiosas foram realizadas em hipocrisia, para serem vistas por homens. Você nunca se arrependeu ou creu sinceramente aos olhos de Deus".

Resposta

Reconheço que houve muita hipocrisia em mim, mas espero que não seja hipocrisia permitida e dominante; sempre lutei contra isso, por isso não sou hipócrita. Considerei muito a aprovação dos homens, mas espero que tenha valorizado muito mais a aprovação de Deus. Minha fé e arrependimento são fracos, no entanto espero que sejam sinceros. E, quaisquer defeitos e deficiências que tenham anteriormente quebrado essa graça em mim, agora me arrependo sinceramente de todos os meus pecados. Olho para Aquele a quem traspassei e choro. Estou sinceramente disposto a ser justificado apenas pela justiça de Cristo e a ser purificado e santificado por seu Espírito; e aqui me rendo a Cristo, como meu único Salvador. E isso espero que seja, por meio da graça, verdadeiro arrependimento e fé que Deus aceitará, por amor a Cristo, quaisquer que tenham sido meus antigos defeitos.

Tentação 2
Mas, diz o tentador: "Seu arrependimento não pode ser verdadeiro, pois seu coração não está quebrantado e seus olhos não derramam lágrimas pelo pecado".

Resposta
É meu grande fardo e constante queixa a Deus que não posso alcançar uma maior medida de tristeza e contrição pelo pecado, mas, ainda assim, é o meu conforto que o arrependimento não deve se limitar a tais níveis e sintomas de tristeza como alguns chegam. Espero poder dizer, pela graça, que meu coração está posto contra todo o pecado, grande e pequeno, e que eu daria tudo o que tenho no mundo para ser totalmente liberto do pecado.

Tentação 3

Diz o tentador: "Mas o seu dia de graça já passou, é tarde demais para você pensar em se arrepender ou acreditar. Deus não o aceitará agora".

Resposta

Mas espero que não seja assim comigo, já que Deus me dá um coração que anseia por Deus e Cristo. As ofertas de salvação através de Cristo são feitas a todos que acreditam e se arrependem, e penitentes tardios não são excluídos dos benefícios dessas graciosas ofertas mais do que outros.

Tentação 4

Mas, diz o tentador: "Você não é um dos eleitos de Deus, e, se você não for escolhido para a salvação, não poderá ser salvo".

Resposta

Coisas encobertas pertencem a Deus, e foi presunção minha me intrometer em Seus decretos secretos. Porém de uma coisa tenho certeza: que cada alma escolhida para a fé e arrependimento também é escolhida para a salvação. Portanto, confio que Deus me escolheu para ambos.

Tentação 5

Diz o tentador: "Você supervaloriza suas graças e deveres, e, então, eles não podem ser verdadeiros e reais".

Resposta

Mas considero tudo como perda e refugo comparado a Cristo. Desejo sempre ser profundamente humilhado debaixo de um sentido de pecaminosidade e indignidade e abominar cada movimento que me levaria para longe de Cristo e de Sua justiça e me tentaria a confiar em minhas graças ou deveres, ou, no mínimo, colocá-los no lugar de Cristo.

Tentação 6
"O caso de sua enfermidade pode ser a morte, e você não está pronto, pois não tem certeza de sua salvação".

Resposta
Uma certeza perfeita não é de se esperar aqui. Ainda haverá alguns questionamentos, algumas dúvidas e medos. Porém decido não aquiescer agora, mas romper com tudo, para que eu possa abraçar a Cristo e ser encontrado nele. Os desejos da minha alma são para Cristo e para a lembrança de Seu nome. Alguém assim, creio, não sofrerá para morrer. "Eu creio! Ajuda-me na minha falta de fé."

Tentação 7
"Mas você é um estranho para o mundo invisível. Como se aventurará no mundo dos espíritos, do qual você tem tão pouco conhecimento?".

Resposta
Mas Cristo, que é o meu Cabeça e melhor Amigo, não é um estranho para o mundo invisível. Ele é o Senhor daquela terra e constrói mansões lá para todo o Seu povo. Ele

receberá cada um deles em casa e os abrigará em segurança. "Os espíritos dos justos aperfeiçoados" foram uma vez o que meu espírito agora é. Eles eram estranhos para tal mundo antes de irem para ele, assim como eu. Mas o Cabeça deles, estando neste mundo, os encorajou para lá se dirigirem, e agora eles se alegram nele como o lugar bondoso da morada de todos os santos.

Tentação 8

"Mas você é mau, e Deus é infinitamente puro e glorioso. Como você pode pensar em se aproximar tanto dele?".

Resposta

Embora o fraco olho não seja capaz de olhar para o Sol, mesmo assim espero estar apto e fortalecido para essa visão gloriosa. Além disso, Deus agora aparece para nós em Seu Filho Jesus Cristo, em quem Sua infinita glória está agradavelmente encoberta, para que os santos possam contemplá-lo. Essas almas gloriosas foram uma vez más, bem como outras. Mas o seu Salvador as purificou e as apresentou ao Pai sem mácula nem ruga. E seja qual for a minha indignidade, estou aliviado por considerar minha união com Cristo e olhar para a glória e dignidade do meu Cabeça. Certamente Deus não desprezará os membros de Seu querido Filho, nem pisará qualquer um que seja Sua carne e ossos.

Tentação 9

"Mas o que será de sua esposa e filhos quando você for tirado deles?".

Resposta

Se confio em Deus tão espontaneamente com minha alma e minhas preocupações eternas, por que não posso confiar nele em relação aos meus laços familiares? Por acaso não vi o quão maravilhosamente Ele provê para os outros? Tudo neste mundo não depende de Sua vontade e prazer? Como é fácil, portanto, para Deus suprir os Seus!

Tentação 10

"Mas, ainda assim, a morte é terrível para a natureza; é o maior dos terrores".

Resposta

No entanto, meu Redentor provou a morte por mim e retirou seu aguilhão de medo. Ele conquistou a morte e detém as chaves da morte e do inferno. Por isso, por causa dele, "Onde está, ó morte, a tua vitória? Onde está, ó morte, o teu aguilhão?".

Tentação 11

"Mas é terrível pensar em aparecer diante do tribunal de Deus para ser julgado".

Resposta

Contudo, o meu Amigo e Intercessor será o Juiz lá. Será que Cristo condenará os membros de Seu próprio corpo e aqueles a quem Ele tantas vezes consolou?

Porém, além de tudo isso, o Deus santo pode, às vezes, permitir que o tentador ataque Seu próprio povo em tempo de aflição, com seus dardos flamejantes e seus estratagemas mais ferozes, tais como tentações ao ateísmo, blasfêmia, desespero etc., a ponto de a alma deles ser terrivelmente abalada e ficar atônita.

Seu consolo, neste caso, é olhar para seu Cabeça e lembrar-se de como Ele próprio foi esbofeteado por esse inimigo e atacado com as tentações mais odiosas, para que pudesse, assim, obter um toque e sentimento experienciais de sua condição, a fim de que Sua compaixão por você o livre desse inimigo, que Ele já derrotou para você. Mas por essas coisas o inimigo será questionado pela casa de Israel. Você deve agir com fé naquele que é seu Cabeça e é exaltado.[8]

---

[8] Seleção de John Willison, *The Works of the Reverend and Learned Mr. John Willison, Late Minister of the Gospel, Dundee. Em Quatro Volumes. Vol.I. Contendo, I. Afflicted Man's Companion; ou, Directions to persons and Families under Affliction, By Sickness or Otherwise. II. The Church's Danger, and the Minister's Duty; A Sermon. III. The Sacramental Directory; ou, A Treatise Concerning the Sanctification Of A Communion Sabbath* (Nova ed.; Edimburgo: Impresso por J. Pillans and Son, 1816, The Spurgeon Library, Midwestern Baptist Theological Seminary, Kansas City, Missouri), 36-66.

2

Seleção
de

RALPH
ERSKINE

PROVIDÊNCIAS OCULTAS REVELADAS NO DEVIDO TEMPO[9]

O que eu faço não o sabes agora;
compreendê-lo-ás depois.
—João 13:7

Meus amigos, o Deus invisível age como tal, mesmo em meio a todos os símbolos visíveis e aceitáveis que Ele dá de Sua presença, assim como Ele lhe está dando nesta ocasião, pois, em meio aos Seus caminhos e obras que são vistos e sentidos, ainda assim Seu caminho é invisível, insondável e misterioso. Como sabemos pouco sobre o Senhor! O que é dito de Sua presença e ausência, ou de Sua ida e vinda, às vezes, pode ser dito também de Seus atos: Sua aproximação uma vez foi secreta para Jacó. Por isso, Jacó declarou: "Na verdade, o Senhor está neste lugar, e eu não o sabia". Seu afastamento de Sansão foi oculto a esse juiz de Israel. Portanto, é dito: "Ele não sabia ainda que já o Senhor se tinha retirado dele". E o que é dito, portanto, de Sua vinda

---
[9] Este sermão foi pregado em Dunfermline, Escócia, na segunda-feira, 2 de julho de 1736, após a celebração do sacramento da Ceia do Senhor.

e ida pode ser dito de Seu ato, e talvez de Seus atos entre nós nesta ocasião: *O que eu faço não o sabes agora; compreendê-lo-ás depois.*

Temos aqui, neste capítulo [João 13], a notável história de nosso Senhor Jesus lavando os pés de Seus discípulos enquanto ceava com eles. Foi grande condescendência cear com eles e ainda maior lavar os seus pés. Até onde Cristo se rebaixa para as necessidades do Seu povo é incrível! Observa-se, no versículo 3, que Jesus "sabendo que o Pai tudo confiara às suas mãos, e que ele viera de Deus, e voltava para Deus, levantou-se da ceia, tirou a vestimenta de cima e, tomando uma toalha, cingiu-se com ela. Depois deitou água na bacia e passou a lavar os pés aos discípulos" (vv.4,5). Todo o poder e soberania foram dados a Ele. Mesmo assim, conhecer Sua excelência não impediu Sua condescendência; em vista da maior glória que tinha, Ele mostrou a maior humildade. Nem os maiores sofrimentos que Jesus estava agora prestes a suportar nem a maior honra a Ele investida poderiam fazê-lo se esquecer de Seu pobre povo. Seu coração estava sobre eles tanto quanto sobre Seus sofrimentos ou Sua glória. Por quê? Por eles Cristo sofreu, e por eles foi glorificado. E como os pensamentos de Sua glória anteriormente não impediram Sua condescendência, assim a posse de Sua glória agora não impede Seu rebaixamento para servir, sim, para os lavar e salvar. E quanto mais alto o Pai o exaltou, mais Ele o capacitou para nos servir em nossa pobre condição.

Bem, temos aqui o espanto de Pedro: "Senhor, tu me lavas os pés a mim?" (v.6). "O quê?", ele poderia dizer, "tu, o Senhor e Regente do mundo, tu te rebaixas para fazer isso por mim, um verme inútil, um homem pecaminoso?". Aqui está um paradoxo que não consigo entender. Ó! Mas as condescendências de Cristo, em quem descobrimos ser percebidos por Sua graça, são uma questão de justa admiração. "Esta é a maneira do homem? O que somos nós, e qual é a casa de nosso pai?" Seria bom aos melhores dos filhos e filhas de Adão que se sentassem aos Seus pés e os lavassem com lágrimas, e os enxugassem com os cabelos de nossa cabeça. Mas, ó, o que é isto? Tu lavas os meus pés, Senhor, ó Rei dos reis e Senhor dos senhores? O fato de Cristo se humilhar e se rebaixar para nós não deveria obscurecer Sua majestade, ou nos fazer pensar menos dele, como se Ele estivesse fazendo o que era muito inferior e impróprio à Sua grandeza. Não! Se tivermos fé como um grão de mostarda, quanto mais baixo Ele se rebaixar em nossa direção, mais o honraremos e pensamentos mais elevados teremos sobre Ele.

O texto é uma resposta ao espanto de Pedro: *o que eu faço*, diz Cristo, *não o sabes agora; compreendê-lo-ás depois*. Nesse texto ele lhe diz duas coisas: 1. Que o desígnio desta obra estava atualmente escondido do apóstolo; 2. Que depois lhe seria revelado. Pedro ignorava essa obra, que mais tarde lhe foi explicada como significando outra lavagem interior, e dando-nos um modelo de humildade e de humilde serviço um para com o outro. Ele era tão ignorante que sua modéstia pecaminosa o faz recusar esse ato de bondade e condescendência, como você vê no versículo seguinte. Embora seja louvável temer o Senhor e Sua bondade e se maravilhar com Suas condescendentes graça e misericórdia, é pecaminoso correr para esse extremo de medo e tremor, como para evitar, declinar e recusá-la.

Embora o rebaixamento de nosso Senhor seja uma grande humilhação, é, contudo, um grande erro dos santos pensar que Ele não considerará que os servir é Sua glória e honra. É parte dessa ignorância e erro, quando Jesus se rebaixa para eles com Sua bênção, pensar que Ele se comporta inadequadamente em Sua condescendência e que não seja possível que Ele realmente os favoreça de tal modo.

No geral, podemos aprender com as palavras em sua conexão com o texto:

1. Que, quando recusamos qualquer favor das mãos de Cristo ou evitamos qualquer ato de Sua graça condescendente, como se fosse impróprio à Sua grandeza concedê-lo ou à nossa maldade recebê-la, apenas descobrimos nossa grande ignorância e erro.

2. Cristo pode estar muito perto de Seu povo e fazendo grandes coisas para eles em passos de graciosa condescendência, e, ainda assim, eles podem estar muito ignorantes em relação a Ele e Seus atos: *O que eu faço não o sabes agora.*

3. Cada obra de Cristo em relação ao Seu povo carrega alguma coisa maior e preciosa em seu interior do que somos capazes de entender no momento. É mais repleto de sabedoria, poder, bondade, graça e fidelidade do que podemos perceber no presente: *O que eu faço não o sabes agora.*

4. Embora não possamos mergulhar nas profundezas do conselho de Cristo em Sua obra em relação a nós, devemos, no entanto, o reverenciar e adorar nisso e submeter-nos em obediência irrestrita à Sua vontade, sem questionar Seus meios ou censurar Seu procedimento, uma vez que, por meio das trevas e ignorância, somos, cada um, juízes incompetentes. Assim fez Abraão: "Pela fé, Abraão, quando

chamado, obedeceu, a fim de ir para um lugar que devia receber por herança; e partiu sem saber aonde ia" (Hb 11:8).

5. Nosso Senhor Jesus não explica, de início, Sua mente ao Seu povo, o que Ele pretende com tal obra, e tal promessa, e tal providência, até que, mais tarde, as obras subsequentes expliquem as anteriores, e providências subsequentes expliquem as anteriores.

6. Portanto, aprenda que devemos esperar nele até que Ele explique o que agora pode ser obscuro e oculto para nós, mas depois saberemos e veremos qual era a tendência dos eventos que pareciam mais contraditórios e estranhos. Devemos deixar Cristo fazer as coisas de Sua maneira tanto em ordenanças quanto em providências. E descobriremos, na questão, qual é realmente a melhor maneira. *O que eu faço não o sabes agora; compreendê-lo-ás depois.*

Mas, depois de tudo isso, o ponto da doutrina sobre o qual gostaria de falar é este:

Observação

Que as obras de Cristo em relação ao Seu povo podem ser muito obscuras, misteriosas, ocultas e desconhecidas, até que Ele as revele.

O que eu faço não o sabes agora, Pedro, mas *compreendê-lo-ás depois.* O que você precisa é ser lavado quando for culpado do crime hediondo de me negar três vezes, ou, quando, na quitação do seu ofício, ser usado como um instrumento para lavar as impurezas pecaminosas dos outros.

Mas essa doutrina pode ser verificada a partir de muitos exemplos. Os sonhos de José, bem como Jacó ser privado desse filho, foi obscuro e misterioso, até que depois se manifestou no curso da providência. O chamado de Abraão para oferecer seu filho, bem como ser ordenado a partir sem saber para onde ia foi muito obscuro e misterioso. O casamento de Ester com Assuero foi uma providência gentil, mas o plano não se manifestou até o momento de desfazer o cruel plano de Hamã. Cristo manifestou Sua glória a Pedro, Tiago e João no monte. Mas eles não sabiam do desígnio do que Ele estava fazendo, até que lhes revelou para que deveres e provações eminentes Ele os estava preparando. Moisés mal sabia qual era o mistério da manifestação que obteve de Deus quando ele o viu em uma chama de fogo na sarça, que queimava e não se consumia. E quando Deus lhe falou dizendo: "Eu sou o Deus de teu pai, o Deus de Abraão, o Deus de Isaque e o Deus de Jacó", Moisés escondeu seu rosto, pois tinha medo de olhar para Deus, até que o Senhor, depois disso, mostrou qual era o propósito dessa aparição e para qual serviço Ele o estava chamando. Pouco sabia Israel, quando foi conduzido através do mar Vermelho e cantou triunfante na praia sobre todos os seus inimigos afogados, que aquela gloriosa aparição de Deus era para inaugurar os 40 anos da cansativa viagem pelo deserto. E o que o Senhor fez então, pela mão de Moisés, era símbolo da grande salvação através de Jesus Cristo. Mal sabia Paulo, nosso apóstolo, enquanto ele ainda era Saulo, o perseguidor, o que o Senhor fez quando lhe apareceu na estrada para Damasco, até que depois o Senhor lhe mostrou o que ele deveria fazer e sofrer pelo nome de Jesus. Os caminhos do Senhor, mesmo sendo de graça e misericórdia, são obscuros e desconhecidos. Portanto, diz o salmista: "O teu caminho, ó Deus, é de santidade [...]. Pelo mar foi o teu caminho; as tuas veredas pelas grandes águas, e não se descobrem os teus vestígios" (Sl 77:13,19). "A tua justiça é como as montanhas de Deus; os teus juízos, como um abismo profundo" (Sl 36:6). "Grandes são as obras do Senhor, consideradas por todos os que nelas se comprazem" (Sl 111:2).

O Senhor efetua e continua Sua obra graciosa, segundo Sua regra da divina norma, na qual ninguém pode penetrar. Do mesmo modo que grandes políticos realizam seus projetos de forma que os espectadores comuns não podem entender, assim, muito mais a infinita sabedoria age, por assim dizer, através de um estratagema sagrado e majestoso e realiza Sua obra na escuridão de forma muito oculta e desconhecida para nós, pois "Nuvens e escuridão o rodeiam", e, portanto, diz o apóstolo: "Ó profundidade da riqueza, tanto da sabedoria quanto do conhecimento de Deus! Quão insondáveis são os seus juízos, e quão inescrutáveis, os seus caminhos!" (Rm 11:33). O que quer que Deus lhe tenha feito ou dito nesta ocasião, não pense que você é sábio o suficiente agora, ou que sabe tudo o que Ele tem feito ou planejado através dessa obra. *O que eu faço não o sabes agora; compreendê-lo-ás depois.*

Tendo assim confirmado a doutrina, o método para a continuação mais aprofundada do assunto pode ser o seguinte:

I. Falar de algumas coisas que o Senhor faz através de Sua Igreja e de Seu povo que são obscuras e misteriosas, escondidas e desconhecidas.

II. Mostrar em que aspectos essas coisas que Ele está fazendo por eles podem ser ocultas e desconhecidas para eles.

III. Mostrar por que razão o Senhor toma esse caminho de atuação tão oculto, obscuro e misterioso, que eles não conhecem o que Ele faz.

IV. Observar algumas das ocasiões em que Ele os faz conhecer o que agora não sabem, de acordo com Sua palavra aqui — *compreendê-lo-ás depois*.

V. Deduzir algumas inferências para a aplicação do todo.

I. Devemos falar de algumas dessas coisas que o Senhor faz para Seu povo que são obscuras, misteriosas, ocultas e desconhecidas.

Aqui podemos, para vê-lo de forma mais distinta, mencionar alguns passos comuns de Seu trato com Seu povo, que, por um longo tempo, pode ser obscuro e desconhecido para eles, tais como o que Ele faz em relação ao seu estado exterior no mundo: o que Ele faz ao ordenar tais circunstâncias de prosperidade ou adversidade no mundo; o que Ele faz com relação ao seu nascimento e educação; Seu plano no nascimento deles ter sido de pais graciosos ou não; Seu plano em ordenar os limites de sua habitação, em tal lugar do mundo; Seu plano em trazê-los sob tal ministério, para tal sermão, e tal sacramento, e tal mesa; por que Ele lança tal livro em seu caminho. Todos esses podem ser ocultos e desconhecidos para eles até que o Senhor revele que bons e grandes planos Ele tinha. O que Ele faz por tal misericórdia, e tal julgamento, tal palavra, e tal vara.

Mais uma vez, podemos condescender com o que Ele faz, com respeito ao estado espiritual interior deles: eles podem estar em trevas profundas quanto ao que Ele está fazendo, quando, por um lado, Ele os está convencendo e despertando; quando Ele os está humilhando e quebrantando; quando se percebe, Ele os está desertando e abandonando por sua conta; quando Ele os faz serem tentados por Satanás e vencidos por suas luxúrias e os deixa sob o poder de seus inimigos, negando seus pedidos, recusando-se a ajudá-los em oração e a ouvi-los e parecendo rejeitá-los e lançá-los fora — assim, o que o Senhor faz, eles não o sabem até que Ele volte a eles.

E então, por outro lado, Seu caminho e Sua obra podem ser ocultos e desconhecidos, mesmo quando Ele volta a eles, para que não saibam o que Ele está fazendo. Quando o Senhor lava os pés deles, ou consente em lhes dar alguns sinais de Sua graça perdoadora e purificadora, eles podem esperar tempo bom e caminho limpo, ou uma jornada próspera, por toda a vida porvir, ao passo que Ele ainda pode estar preparando-os para uma nova tempestade. Eles podem mal saber o que Ele faz quando se manifesta de formas inéditas para eles. Podem considerar que é um preparatório para demonstrações mais gloriosas imediatamente. Mas podem estar enganados e ver-se caindo morro abaixo para dentro da lama, ou podem jamais ficar cientes. Podem pouco saber do que Ele faz, quando, em uma solenidade de Santa Ceia, Ele vem para afrouxar seus laços. E quando Ele os está confortando, fortalecendo ou selando e falando em seus corações, eles podem pensar agora que sua montanha permanece forte, que eles nunca serão movidos, nunca serão o que já foram, nem duvidarão como já duvidaram. No entanto, rapidamente eles podem chegar a este ponto com Ele: "Apenas voltaste o rosto, e fiquei logo conturbado". Eles podem ignorar o que Ele está fazendo e planejando quando os traz para a casa de banquetes e os faz sentar sob Sua sombra com grande prazer, e Seu fruto é doce ao paladar deles. Podem pensar: "Agora, isso é para o meu conforto presente, agora meu cálice transborda, e espero que continue transbordando", ao passo que Ele possa os estar alimentando para a fome que está por vir, abastecendo-os para uma viagem, fornecendo-lhes provisão para um cerco, preparando-os para uma batalha, ou talvez ungindo-os para um enterro. O que eu faço não o sabes agora; compreendê-lo-ás depois.

Mas aqui mencionarei algumas das obras especiais de Deus, sobre as quais Seu povo raramente sabe o que Ele está fazendo por estarem encobertas com uma nuvem de majestade. Como:

1. Quando Sua palavra e Sua obra, Sua promessa e Sua providência parecem colidir e contradizer umas às outras, essa é uma vara obscura e oculta. O que Ele faz não sabemos então, quando Suas dispensações parecem, para a razão humana, estar indo no propósito de derrotar a promessa. Não podemos ver através da nuvem sem o olho de águia da fé, nem penetrar nas profundezas de Sua sabedoria infinita. Assim, Moisés foi enviado para libertar Israel do Egito e contar-lhes as boas-novas de que agora o Senhor os libertaria de sua escravidão. Mas veja que a escravidão deles aumentou, ela foi dobrada, eles estão cheios de angústia (Êxodo 5:21). Nem mesmo Moisés podia ver muito bem através dessa nuvem escura e, portanto, reclama a Deus sobre ela (vv.22,23). Quando coisas assim atingem a Igreja do Senhor, ou um filho de Deus, aqui está uma promessa, mas onde está a realização quando exatamente o contrário se manifesta?

Então, devemos meditar em Sua palavra: *O que eu faço não o sabes agora; compreendê-lo-ás depois.*

2. Quando Seus atos e dispensações são tão obscuros e ininteligíveis que Seu povo não sabe se estes declaram

misericórdia ou ira, assim foi com Jó quando ele disse: "Faz-me saber porque contendes comigo" (Jó 10:2), dando a entender o quão completamente ele desconhecia o que o Senhor pretendia com aquela estranha dispensação. Nesse caso, Ele está dizendo: *O que eu faço não o sabes agora.*

3. Quando o Senhor vem com a salvação de uma forma surpreendente ou enquanto Seu povo está completamente inapto para ela, assim como em Isaías 17: "Por causa da indignidade da sua cobiça, eu me indignei e feri o povo; escondi a face e indignei-me, mas, rebelde, seguiu ele o caminho de sua escolha" (v.17), e mais, "Tenho visto os seus caminhos e o sarei; também o guiarei e lhe tornarei a dar consolação, a saber, aos que dele choram" (v.18). Ó, o que é isso! Ele se revelará um Deus de amor para mim, enquanto tenho me mostrado um diabo de inimizade contra Ele! Ou, quando Ele os surpreende com uma misericórdia pela qual eles nunca esperaram, assim como Israel, quando o Senhor os tirou do seu cativeiro, era como aqueles que sonham. Sua imponente marcha assim está tão oculta dos olhos deles, que o que Ele faz eles não o sabem. Entender Seu caminho soberano está acima da capacidade deles.

4. Quando a salvação vem, não apenas em forma de surpresa misericordiosa, apesar de tudo aparentar o contrário; quando os inimigos são fortes e invencíveis, predominantes e vitoriosos sobre eles, e quando a força de Seu povo se esvai (Dt 32:36). E quando a esperança deles se foi, e eles estão de todo exterminados (Ez 37:11). Quando, em tal extremo, Ele surge e salva, e o faz, talvez, por meios muito improváveis — como, pelo sopro de chifres de carneiros, Ele derruba as muralhas de Jericó, ou, por meio do jovem Davi, Ele mata

o grande Golias e derrota o exército dos filisteus — nisso há muita majestade oculta. *O que eu faço não o sabes agora.*

5. Quando inícios esperançosos de libertação e salvação se encontram com impedimentos e obstáculos inesperados; e quando a construção do templo espiritual, após a fundação ser lançada, passa a ser adiada, e o trabalho parece retroceder ao invés de avançar, como na construção do templo material nos dias de Esdras. Quão pouco entendemos o que significa, quando o Senhor diz, por intermédio de Jeremias a Baruque: "Eis que estou demolindo o que edifiquei" (Jr 45:4). Quando Ele faz os inimigos prevalecerem e quebra Sua obra esculpida como com machados e martelos, quem pode enxergar através de tal dispensação, quando isso acontece a uma igreja em geral, como foi na obra da Reforma; ou a um filho de Deus em particular como na obra da graça sobre a alma? O que Ele faz, não o sabemos agora.

6. Quando o caminho do Senhor em relação ao justo e ao ímpio parece inadequado para o estado diferente entre eles, como se Ele desaprovasse Seus amigos e favorecesse Seus inimigos — quão sombria e oculta é Sua obra em relação a isso! A prosperidade dos ímpios e a adversidade do justo foram, por um tempo, um grande mistério para Asafe (Sl 73). Sim, mais do que isso, às vezes os piedosos são permitidos ser um grande obstáculo para os outros, como quando o Senhor permitiu Arão fazer o bezerro de ouro no deserto, que trouxe tanto pecado e ira sobre o povo. Eu poderia citar Davi, Salomão, Pedro e outros. Quão obscuro isso é, e as respectivas dispensações! E quando, por outro lado, Ele usa os próprios ímpios para realizar Sua obra e faz com que seus planos perversos contribuam para promover Seu santo e

glorioso plano. Assim como Ele fez a traição de Judas, a sentença de Pilatos, a maldade dos judeus contribuir para a obra de nossa redenção. Certamente, o que Ele faz, não o sabemos; Suas gloriosas obras são ocultas e desconhecidas. Ele pode precisar de inimigos, contrários à Sua vontade, para fazer o que é um claro promover de Sua obra, como quando os filisteus foram constrangidos a devolver a arca de Israel (1Sm 6).

7. Em uma palavra, quão obscura e oculta é a Sua obra, quando Ele elimina instrumentos que parecem ser mais adequados para ela, e isso antes mesmo de Sua obra ser iniciada. Como Davi, que preparou o material para a construção do Templo, mas que não foi o instrumento para esse propósito. Ou antes de que o trabalho deles fosse encerrado, como Moisés, que trouxe Israel através do deserto, mas foi levado e não usado para acabar a tarefa de conduzi-los à Terra Prometida, o que ele teria feito com prazer! Quão sombria e desconhecida é a Sua obra, quando Ele os chama a acreditar no que parece contraditório ao sentido carnal e à razão, como Abraão tendo um filho quando seu corpo e o útero de Sara estavam ambos mortos, e que, ainda assim, creu no Deus que vivifica os mortos e chama à existência as coisas que não existem. Ou quando Ele os chama a fazer o que parece ser expressamente contrário à Sua própria vontade revelada, como quando Abraão foi chamado a sacrificar seu filho. Essa foi uma ordem probatória, e, pela fé, Abraão percorreu todo o trajeto planejado! Quão obscuras são a providência e a provação quando o dever é aparentemente colocado contra o dever, como quando líderes religiosos e profetas voltaram-se contra Neemias e o pressionaram,

como um dever que não era dever, como você vê na história (Ne 6:10-14)? E quando profetas são colocados contra profetas, não apenas os profetas de Baal contra os profetas de Deus, mas profetas do Senhor contra outros profetas do Senhor, como no caso do velho profeta em 1 Reis 13, fingindo ter informações angelicais e enganando o homem de Deus? Finalmente, quão sombria e ininteligível é a Sua obra, quando Ele nos levanta com uma mão e nos derruba com a outra. Quando Ele cura com uma e fere com a outra. Como a criança que Cristo pegou pela mão para curar, primeiro piorou, pois "O diabo o agitou com violência, e, caindo ele por terra revolvia-se espumando" (Mc 9:19-26). O chefe da sinagoga fez Cristo comprometer-se a ir junto com ele e curar sua filha. Mas eis que uma ferida é infligida, visto que uma pessoa veio de sua casa dizendo: "Tua filha já está morta, não incomodes mais o Mestre!". Nessas obras e outras semelhantes, Ele diz: *O que eu faço não o sabes agora; compreendê-lo-ás depois.*

II. A segunda coisa proposta foi mostrar em que aspectos podemos ser ignorantes sobre o que o Senhor está fazendo para nós. E:

1. O que Ele faz, quanto à própria questão de Sua obra, pode ser oculto e desconhecido. Seja uma obra comum ou uma salvífica; seja uma obra misericordiosa ou de ira, como a que Manoá e sua esposa receberam (Jz 13:22,23). Ele e ela diferiram em seu julgamento sobre o que eles viram. "Manoá disse a sua mulher: Certamente, morreremos, porque vimos a Deus. Porém, sua mulher (ao contrário) lhe disse: Se o Senhor nos quisera matar, não aceitaria de nossas mãos

o holocausto e a oferta de manjares, nem nos teria mostrado tudo isto, nem nos teria revelado tais coisas".

2. O que Ele faz pode ser oculto e desconhecido para eles quanto à maneira e método de Sua ação. Sua maneira de realizar Seu propósito é muito estranha e imperceptível, pois Ele é o Deus que vivifica os mortos e chama à existência as coisas que não existem (Rm 4:17). Ele cria coisas do nada e, de uma coisa oposta, traz outra (2Co 4:6) — luz das trevas, vida da morte, força da fraqueza, "Do comedor saiu comida, e do forte saiu doçura". Como é incognoscível para nós a Sua obra, que faz da morte o caminho para a vida, e da ferida o caminho para a cura, da queda o caminho para a edificação, e da perda o caminho do ganho.

3. O que Ele faz pode ser oculto e desconhecido, quanto às causas de Sua ação. Pode haver razões em relação à situação que ignoramos: a razão pela qual Ele faz assim e assim agora, e porque Ele cede em outro momento. Porque Sião está cheia de julgamento; porque Ele brilha sobre o conselho dos ímpios, que não oram para Ele, e porque o homem justo e reto é ridicularizado. Certamente, "No tocante ao Todo-poderoso, não podemos investigá-lo: Quem, pois, conheceu a mente do Senhor? Ou quem foi o Seu conselheiro?" (Rm 11:34).

4. O que Ele faz pode ser oculto e desconhecido, quanto à beleza de Sua obra. "Senhor, tu me lavas os pés a mim?" Onde está a beleza e a glória dessa obra? É apropriado que tu a faças? Podemos desconhecer a glória da sabedoria divina que brilha em Seu agir, a glória de Sua santidade, graça, amor e misericórdia que brilha nela, até que Ele faça Sua obra se revelar. Há uma bela ligação entre o que Ele fez, o

que está fazendo e o que fará depois, que pode estar muito oculto, e o belo momento de Sua obra. Ele fez cada coisa bela a seu tempo. Ó! Há um brilho no próprio tempo em que Ele se revela, quando faz do nosso tempo de necessidade Seu tempo de amor, e de nosso extremo Sua oportunidade. No entanto, essa beleza pode ficar oculta por um tempo.

5. O que Ele faz pode ser oculto e desconhecido, quanto à excelência e grandeza de Sua obra. Pode parecer pouco, humilde, vil, como Pedro pensou quando disse: "Senhor, Tu me lavas os pés a mim?". No entanto, no devido tempo, pode parecer uma obra grandiosa e excelente. Sua grandeza e grandiosidade não são diminuídas, mas cada vez mais demonstradas. "Quando o Senhor restaurou a sorte de Sião, ficamos como quem sonha" (Sl 126:1); eles não perceberam ou consideraram a grandeza da obra, até que viram e disseram: "...grandes coisas o Senhor tem feito por nós..." (v.3).

6. O que Ele faz pode ser oculto e desconhecido, por um tempo, quanto à necessidade e utilidade da obra. Parte do que Pedro quis dizer aqui quando disse "Senhor, tu me lavas os pés a mim?" foi "Senhor, qual é a necessidade de tu lavares meus pés?". Portanto, ele declara ignorantemente no versículo: "Nunca me lavarás os pés", ao que Cristo lhe esclarece a necessidade absoluta do que Ele fez e planejava com essa obra: "Se eu não te lavar, não tem partes comigo". Há uma grande necessidade de tudo o que Cristo faz para nós, embora desconheçamos isso. E devemos ver uma necessidade em cada coisa que Ele faz. "Por breve tempo, se necessário, sejais contristados por várias provações"; e, se necessário, Ele dará um tempo mais alegre e emocionante. Ele sabe melhor do que você precisa, embora você não saiba.

7. O que Ele faz pode ser oculto quanto à variedade de Sua obra, e as mudanças, que nos atingem através das várias mudanças e reviravoltas de Sua mão, na obra, embora Seu coração e mente, Seu amor e aliança, sejam imutáveis. Às vezes, Ele permitirá que Seu povo peça o que desejarem, e Ele lhes dará a metade, sim, de todo o Seu reino. E, em outras ocasiões, eles podem chorar e clamar, e Ele não ouvirá suas orações. Algumas vezes Ele permitirá que eles o segurem e não o deixem ir, sim, e deem ordens a Ele, por assim dizer: "Quereis dar ordens acerca de meus filhos e acerca das obras de minhas mãos?". Assim Ele permitiu Moisés pedir, dizendo: "Rogo-te que me mostres a tua glória". E Deus dirá: "Farei passar toda a minha bondade diante de ti". Mas, preste atenção: em outras ocasiões, Ele não será condescendente em nada e parecerá inexorável, "embora Moisés, Daniel e Jó tivessem que fazer intercessões sobre o assunto". Quem pode entender essa variedade de Seus atos e as razões secretas das vicissitudes e mudanças, que, como resultado, atingem Seu povo interior e exteriormente?

8. O que Ele faz pode ser oculto e desconhecido, quanto ao fim e plano de Seus atos, quanto ao resultado e a questão disso, e o que Ele trará como resultado do que faz agora. A intenção do que Ele fez na lavagem dos pés dos discípulos não era conhecida até que aconteceu. Muitas coisas que Ele fez e seus significados não foram conhecidos até que aconteceram. O que Ele fez quando se tornou homem, quando se tornou um verme e ninguém. O que Ele fez quando viveu nossa vida. O que Ele fez quando entregou Sua vida e foi pendurado na cruz entre dois ladrões não foi compreendido até que aconteceu. Depois pareceu que lhe convinha que

assim fosse (Hb 2:17). E o que Ele faz nessa ceia não sabemos agora. A maneira como Ele faz pode parecer uma digressão, e, ainda assim, depois parece ser o único caminho certo. E quando Ele conduz Seu povo de uma maneira que eles não conhecem, e em caminhos que eles não conheceram, pode, mais tarde, parecer ser a melhor maneira para Sua glória e para o bem deles. E não surpreende que estejamos na ignorância, se considerarmos que Aquele que realiza essas obras é maravilhoso em conselho e grande em sabedoria (Is 28:29). Infinitamente além de todos os políticos mundiais, cujos planos e propósitos são muitas vezes ocultos de nós, e muito mais podem estar os conselhos infinitamente profundos de Deus.

III. A terceira coisa proposta foi para oferecer algumas razões por que o Senhor toma um caminho de ação em relação a Seu povo que é tão oculto, misterioso e desconhecido: o que Ele faz, eles não o sabem agora.

1. É para revelar-se de uma forma adequada a si próprio e a Suas próprias perfeições gloriosas, e para mostrar que Seus pensamentos não são os nossos pensamentos, assim como Seus caminhos não são os nossos caminhos. Se Ele fosse agir de acordo com nossos pensamentos e imaginação, e de uma forma que não transcendesse nossas apreensões, como pareceria que Ele é Jeová, o Deus soberano que age como tal, cuja vontade é uma lei para nós e uma regra para Ele próprio. E cujo caminho está nas águas profundas, de modo que Seus passos não podem ser vistos. Nisto Ele mostra que Sua sabedoria é oculta: enquanto Seu próprio povo tende a pensar que Ele está prestes a destruir Sua obra neles e em

Sua Igreja, Ele está a caminho para elevá-los e derrubar o inimigo. Assim, Ele mostra Sua verdade e fidelidade milagrosamente quando vem com a salvação, depois de ter realizado tanto debaixo dos panos e fora de vista, quando toda a esperança se exauriu, mas, quando ela brilha por trás da nuvem escura, surge então com um brilho muito superior ao comum. Ó, então, eles veem que Sua misericórdia está nos Céus, e Sua verdade chega às nuvens, e Sua fidelidade se estende de geração a geração (Sl 119:90), para que nenhuma alteração ou vicissitude daqui debaixo possa mudar Sua mente e nenhum período de tempo possa alterá-la.

2. É para revelar Seus inimigos, para que eles pareçam ser o que realmente são: o que Ele faz para o Seu povo, eles mesmos não o sabem, muito menos os hipócritas e os que confessam falsamente a fé sabem o que Ele está fazendo por eles, e o bem que Ele está fazendo por eles. Se o Senhor aparecesse visivelmente para Seus filhos sempre que eles estivessem em uma situação difícil, muitos falsos amigos se associariam a eles, e pareceriam amá-los e favorecê-los. Mas, para que sua inimizade possa ser descoberta e possam se manifestar, Ele vem ao Seu povo de maneiras desconhecidas e oculta Sua obra. Então, os inimigos se mostram abertamente como inimigos do povo de Deus, enquanto Deus não se manifesta abertamente como amigo de Seu povo. Ele pode ocultar a Si mesmo e Sua obra de Seus amigos para desencorajar Seus inimigos, e endurecê-los em Seu reto julgamento, pois, "endurece a quem lhe apraz" (Rm 9:18) ao entregá-los a si mesmos.

3. É para descobrir a inutilidade e corrupção de Seu próprio povo, que estão invisíveis no fundo do coração deles.

Pois, enquanto o Senhor mantém Sua obra oculta deles, como então a incredulidade deles aparece em muitas dúvidas e escrúpulos que surgem em sua alma com relação a Seu plano? Como a impaciência deles aparece, enquanto Ele demora a esclarecer as coisas para eles? Assim, Ele lhes mostra seu pecado e os humilha debaixo de um senso de ignorância. Tal foi a descoberta que o salmista fez quando foi ao santuário e refletiu sobre seu erro em relação ao que o Senhor estava fazendo: "Eu estava embrutecido e ignorante; era como um irracional à Tua presença". Ele os faz assim para que saibam o que há em si mesmos.

4. É para descobrir as graças que têm em si também, prová-las e exercitá-las. Assim, Ele testa a sua fé: quando eles devem acreditar, embora não saibam como Sua palavra será cumprida, como Ele fez com a fé de Abraão descrita em Romanos 4. Assim Ele prova a paciência deles: quando devem esperar nele e não sabem por quanto tempo: "Até quando, SENHOR? Esquecer-te-ás de mim para sempre? Até quando ocultarás de mim o rosto?" (Sl 13:1). Deste modo Deus prova a esperança deles: quando todas as aparências e probabilidades humanas falham, e eles não podem ver nenhum vestígio de esperança vindo de fora, pois, "esperança que se vê não é esperança". Assim, Ele prova a submissão deles e sua obediência, enquanto os chama para se prostrarem à Sua vontade, mesmo quando Ele oculta Seu plano e não dá explicação de nenhum de Seus atos, para que possamos nos aquietar e saber que Ele é Deus.

5. Resumindo, Ele toma esse caminho oculto e desconhecido, para que possamos aprender a reverenciá-lo, temê-lo e esperar nele, até que nos ensine o que não sabemos

e nos exponha o que não entendemos: "Porque o Senhor é um Deus de justiça; bem-aventurados todos os que nele esperam". Dessa forma, Ele freia a curiosidade e verifica o orgulho do homem pobre, que, quando termina, deve voltar à escola e aprender mais o que aprendeu antes, e aprender melhor. Dessa forma, Ele suscita a oração para que eles possam levar cada parte de Sua obra de volta para Ele, para que Ele possa fazê-los saber os segredos de Seus conselhos, e a profundidade de Seu governo. E para que eles não possam colocar sentido algum sobre o que Ele faz, a não ser o dele próprio — o que eles estão muito prontos para fazer, sem esperar até que lhes dê Sua própria mente —, para que nós não obscureçamos os desígnios sem conhecimento. Dessa maneira, Ele nos ensina a termos uma mente modesta e sermos sóbrios nos sentimentos quanto ao que Ele faz, até que uma vez tenha realizado Sua obra e anunciado Sua mente. E que, em um senso de nossa ignorância, possamos diariamente aprender a ler e falar, a ler Sua mente distintamente, e falar de Seus atos com conhecimento, caso contrário, não podemos ordenar nosso discurso por causa de nossa ignorância. Desse modo, Ele não apenas desperta Seu povo à oração, mas dá grande importância ao louvor, quando o que não sabemos agora Ele faz conhecido depois e traz luz à escuridão, sim, e torna a escuridão clara diante de nós. Quanto acentua os louvores deles quando as nuvens escuras dão lugar ao Sol brilhante? A questão de Seu trato é a mais gloriosa, quando depois Seu gracioso e glorioso desígnio será conhecido. Contudo, isso me leva ao próximo ponto proposto, ou seja,

IV. A quarta proposta, que era indicar algumas das épocas em que Deus lhes faz conhecer depois o que eles agora são, ou podem ser, no oculto: *O que eu faço não o sabes agora; compreendê-lo-ás depois:*

a) Em geral, isso refere-se à revelação parcial que o Senhor dá de Sua mente neste mundo, e a revelação perfeita e completa que Ele faz de Si mesmo no mundo que está por vir. Aqui, Ele, às vezes, revela o que era obscuro e misterioso anteriormente em Sua obra e atos, mas ainda é uma demonstração parcial. "Porque, em parte, conhecemos e, em parte, profetizamos. [...] Porque, agora, vemos como em espelho, obscuramente" (1Co 13:9,12). Mas, no mundo porvir, o que é perfeito virá, e o que é em parte deve desaparecer, e então não veremos mais através de um espelho, mas face a face. "Porque, em parte, conhecemos", diz o apóstolo, mas depois conhecerei, assim como também sou conhecido. "Naquele dia, vós conhecereis", diz Cristo, "que eu estou em meu Pai, e vós, em mim, e eu, em vós" (Jo 14:20). Aqui o conhecemos, mas não como Ele é, porém, no porvir, positivamente, pois, "Seremos semelhantes a Ele, porque haveremos de vê-lo como Ele é" (1Jo 3:2). Vocês conhecerão perfeitamente depois. Contudo,

b) Em particular, há uma referência a algumas épocas especiais, em que, mesmo neste mundo, Ele permite que Seu povo saiba, subsequentemente, o que Ele faz, que no presente eles não sabem ou entendem. Tratarei sobre algumas dessas ocasiões.

1. Às vezes, o tempo de fazer conhecido o que Ele faz está muito perto, logo depois da obra estar acabada, e assim foi

aqui, pois, depois de Cristo ter lavado os pés de Seus discípulos, Ele esclarece o que havia pretendido através daquilo, primeiramente a Pedro, ao explicar que tipo de lavagem Ele especialmente pretendia fazer, de modo que sem ela eles não poderiam ter herança no filho de Jessé: "Se eu não te lavar, não tens parte comigo". E depois, Ele disse a todos os discípulos: "Eu vos dei o exemplo, para que, como eu vos fiz, façais vós também", e assim o Mestre lhes deu mais explicações. Da mesma maneira que, às vezes, Ele explica muito rapidamente Sua obra, o faz com Sua palavra que era obscura e desconhecida. Cristo dissera: "Um pouco, e não mais me vereis, e outra vez um pouco, e ver-me-eis; e: Vou para o Pai" (Jo 16:17). Eles ficaram intrigados e perplexos com isso (v.18). E, assim, antes de Cristo terminar de lhes falar, Ele lhes explica (vv.19-28). Portanto, os discípulos dizem: "Agora é que falas claramente e não empregas nenhuma figura. Agora, vemos que sabes todas as coisas e não precisas de que alguém te pergunte; por isso, cremos que, de fato, vieste de Deus" (vv.29,30). No entanto, esse conhecimento que agora eles têm era imperfeito, como a resposta seguinte de Cristo mostra.

2. Às vezes, o tempo de tornar conhecido depois o que Ele agora faz é muito longo após a obra estar realizada, ou da palavra falada, sobre as quais eles desconhecem. Nosso Senhor pode fazer grandes coisas e falar palavras graciosas ao Seu povo, e ainda assim eles podem permanecer em grandes trevas quanto ao significado e ao Seu plano por um longo tempo. Deus se encontrou com Jacó em Betel e manifestou-se gloriosamente a ele, uma doce promessa de Sua presença e bênção, e esta foi para Jacó a casa de Deus e o portão do Céu (Gn 28:17). Mas Jacó não sabia que celebração deveria

ser para ele 20 anos depois, quando Deus lhe deu uma nova refeição por causa dessa antiga experiência, dizendo: "Eu sou o Deus de Betel, onde ungiste uma coluna, onde me fizeste um voto" (Gn 31:13). Jacó não sabia que aquilo era um prefácio aos 20 anos de servidão, e que a relembrança e reflexão sobre isso era para ser uma promessa de uma nova visita da mesma natureza, que o reconhecimento da antiga Betel era para ser um prefácio para uma nova Peniel. O que sei, mas levará 20 ou 30 anos para explicar, é o que alguns encontraram nesta ocasião em Dunfermline. *O que eu faço não o sabes agora; compreendê-lo-ás depois.* Mas, seja em pouco tempo ou depois de muito tempo que Ele revele o mistério do que faz, certamente escolherá o tempo propício, o tempo marcado, o melhor momento, o melhor para alcançar os grandes propósitos de Sua glória e o nosso bem: "Porque a visão ainda está para cumprir-se no tempo determinado, mas se apressa para o fim e não falhará; se tardar, espera-o, porque, certamente, virá, não tardará", além do devido tempo (Hc 2:3).

Mais uma vez, há algumas circunstâncias de tempo quando o Senhor considera adequado comunicar o conhecimento do que era obscuro e misterioso, oculto e desconhecido em Sua obra e ação em relação a Seu povo. Às vezes, depois de Ele ter se ocultado deles em particular, o Senhor se encontra com eles em público e lhes revela toda a Sua mente. Quando Asafe foi ao santuário (Sl 73), ele obteve a solução de seu caso nebuloso e descobriu que, mesmo quando seus pés quase resvalaram e seus passos se desviaram, o Senhor o estava segurando por sua mão direita. Eles viram Seu poder e glória no santuário. Às vezes, Ele se oculta em público e lhes revela mais de Sua mente em um canto secreto: "Explicava em particular aos Seus próprios discípulos" (Mc 4:34). O que eles ouvem em público, e ainda não conhecem, Ele esclarece quando está a sós com eles. É por isso que a Igreja precisa passar tempo de retiro com o Senhor: "Vem, ó meu amado, saiamos ao campo, passemos as noites nas aldeias. Levantemo-nos cedo de manhã para ir às vinhas, vejamos se florescem as vides [...]; dar-te-ei ali o meu amor" (Ct 7:11,12). A doce e sensível comunhão é, às vezes, reservada para lugares afastados. Novamente, às vezes o que Ele realiza os faz conhecer, após uma longa e negra noite de abandono, quando Ele os surpreende com uma nova visita e os faz dizer: "Ouço a voz do meu amado; ei-lo aí galgando os montes, pulando sobre os outeiros". Às vezes, Ele revela Sua mente mais claramente para eles depois de ter provado sua fé e paciência por um tempo e os levado a uma grande tribulação. João, no Apocalipse, nunca teve tanto da mente de Cristo, mesmo quando se inclinou sobre o peito de Cristo, como quando foi perseguido e banido para a ilha de Patmos. Assim foi com Ezequiel, quando estava entre os cativos à beira do rio Quebar, então os Céus se abriram, e ele contemplou as visões de Deus. Às vezes, é depois de profunda humilhação e súplica fervorosa, como a de Daniel (9:20,21). Então ele é informado pelo anjo Gabriel de algumas grandes coisas sobre as quais ele desconhecia antes. Às vezes, o Senhor tem notavelmente sustentado Seu povo com grandes e gloriosas revelações de Sua mente, quando eles separaram dias para oração e confissão, afligindo-se diante dele. Mas, ó, onde estão os cristãos das gerações anteriores, alguns dos quais teriam se trancado em seus quartos por muitos dias e se enclausurado dentro de casa! Que recebiam seu alimento pelas janelas ou buracos das portas. Novamente, às vezes, Ele reserva a revelação do que está fazendo até o momento em que derrama mais completa e abundantemente do Seu Espírito. *O que eu faço,* diz Cristo a Pedro, *não o sabes agora; compreendê-lo-ás* em parte, agora mesmo depois que eu terminar de lavar seus pés; explicarei, mas saberão depois de forma mais clara e distinta no dia de Pentecostes, quando o Espírito será derramado. Por isso, veja em Atos 2 como Pedro então pregou e anunciou a obra, a morte e ressurreição de Jesus: o que Cristo fez não era mais um mistério para ele. E veja em João 16:26 que o Espírito, o Consolador, é prometido para essa finalidade, para nos ensinar todas as coisas e para trazer todas as coisas à memória, seja o que for que Cristo nos tenha dito. E quando o Espírito é mais abundantemente comunicado depois, então Ele traz as palavras e obras de Cristo à nossa lembrança, de tal forma, como para nos dizer o que Ele pretendia por tal palavra e tal obra, o que Ele disse e fez em tal e tal momento.

Novamente, às vezes, Ele faz isso um pouco antes da morte deles. Às vezes, Ele os ungiu antes da morte deles com colírio e permitia que eles vissem mais longe do que jamais tinham visto, assim como aconteceu com o velho Jacó, quando seus olhos naturais estavam enfraquecidos e ele viu Siló vindo, onde deveria haver o ajuntamento do povo. Creio que ele então viu um pouco mais do que vira em Betel, ou Peniel. Foi-lhe explicado algo mais importante do que ele sabia anteriormente acerca do Cristo. Assim foi também com o velho Simeão antes de sua morte. Ele tivera uma visão de fé de Cristo anteriormente, mas agora tinha o Cristo em seus braços e uma visão mais acertada do que antes: "Agora, Senhor, podes despedir em paz o Teu servo, segundo a Tua palavra; porque os meus olhos já viram a Tua salvação". Conheci algumas pessoas que tiveram manifestações muito claras de Cristo antes de sua morte.

Em suma, às vezes, na própria morte, embora alguns dos servos e santos do Senhor tenham morrido em meio a muita escuridão, outros tiveram os atos de Cristo explicados no momento da morte, que lhe foram ocultos em todos os seus dias anteriores. A morte pode causar uma ruptura entre 40 ou 50 experiências e, talvez, reduzi-las a duas ou três. Mas a morte multiplicou as experiências para alguns e os fez passar pelo vale da sombra da morte, triunfando no amor eterno de Deus. Li sobre Clarebachius, que viveu toda a sua vida sob muita servidão. Quando se tornou um mártir e foi para a fogueira, ele disse: "Vivi uma vida muito melancólica e desalentada até hoje. Mas agora acredito que não haja um coração mais feliz no mundo do que o meu". O que o Senhor fez, ordenando seu antigo desalento, ele não sabia até aquele momento quando o plano do Senhor revelou que sua vida penosa e intensa era uma via e uma avenida para essa morte gloriosa e alegre. Alguns atravessaram um transe obscuro entre o tempo e a eternidade, com mais luz e conhecimento da mente e das obras do Senhor do que eles jamais tiveram. Jacó nunca teve uma visão mais límpida de sua velha visita a Betel do que quando ele estava em seu leito de morte e tinha todos os seus filhos e alguns dos filhos de seus filhos ao redor dele; ele agora via mais claramente o que Deus fizera, e o que Ele estava por realizar em relação à promessa de Betel, em referência a seus numerosos questionamentos e sua herança futura da terra de Canaã. Portanto, ele começa seu discurso de despedida com o que aconteceu entre Deus e ele em Betel: "O Deus Todo-Poderoso me apareceu em Luz, na terra de Canaã, e me abençoou, e me disse: Eis que te farei fecundo, e te multiplicarei, e te tornarei multidão de povos, e à tua descendência darei esta terra em possessão perpétua" (Gn 48:3,4). Então, ele pôde dizer: "Eu não tinha nem esposa nem filhos, mas agora vejo meus filhos e os filhos dos meus filhos. E vejo o que Deus está prestes a fazer com eles". E assim, ele profetizou a expansão do futuro deles e várias circunstâncias e aparições que eles estavam para fazer em anos posteriores. Desse modo, sua bênção de Betel foi estendida e explicada mais claramente para ele em seu momento da morte. O que você encontrou, crente, em tal lugar, e o que você encontrou em Dunfermline, o que Ele estava fazendo em ocasiões anteriores, ou nesta ocasião, pode ser que você não veja no presente. Talvez a explicação adicional disso esteja reservada para um banquete para você no leito de morte, quando Ele brilhar sobre suas palavras e obras anteriores e fizer você cantar sobre sua salvação e dizer: "Ó! Lembro-me do que Ele me disse em tal lugar e o que Ele fez comigo em outro. O que Ele planejou era obscuro e desconhecido para mim, mas agora conheço mais de Sua mente. Vejo que Ele tem sido tão bom quanto Sua palavra, e que tem feito todas as coisas bem". *O que eu faço não o sabes agora; compreendê-lo-ás depois,* talvez mais cedo ou mais tarde, antes mesmo de ir para a eternidade.

V. A quinta e última coisa proposta foi deduzir algumas inferências para a aplicação do todo. É verdade que as obras de Deus, os atos de Cristo Jesus em relação ao Seu povo, podem ser tão obscuras e misteriosas, ocultas e desconhecidas, até que Ele os torne conhecidos? Portanto,

1. Veja que temos uma grande razão para sermos humildes e sóbrios. O que quer que seja que o Senhor tenha feito entre nós nesta ocasião, não pensemos que sabemos tudo o que Ele fez, uma vez que Ele está dizendo: *O que eu faço não o sabes agora*. Que estas grandes perguntas nos humilhem debaixo do senso de nossa própria ignorância: "Porventura, desvendarás os arcanos de Deus ou penetrarás até a perfeição do Todo-Poderoso? Como as alturas dos céus é a Sua sabedoria; que poderás fazer? Mais profunda é ela do que o abismo; que poderás saber?" (Jó 11:7). Não pense que aprendeu sua lição perfeitamente. Os maiores crentes na Terra são apenas estudantes enquanto eles estão no corpo. A luz divina brilha gradualmente mais e mais até o dia perfeito de glória. Portanto, o que eles veem, precisam ver mais claramente. O que quer que aprendam, precisam aprender novamente e mais perfeitamente. Como sabemos pouco sobre Deus!

2. Assim, veja quais razões os crentes têm para ansiar pelo Céu, já que as nuvens e a escuridão nunca serão completamente dissipadas até a visão santa de Deus e do Cordeiro. Essa cidade não tem necessidade do Sol, nem do brilho da lua sobre ela, pois a glória de Deus a ilumina e o Cordeiro é a sua luz. "Nela, não vi santuário, porque o seu santuário é o Senhor, o Deus Todo-Poderoso, e o Cordeiro" (Ap 21:22). Pode-se dizer *o que eu faço não o sabes agora; compreendê-lo-ás depois* de todas as grandes obras de Deus que no momento Ele realiza, quando o tempo as revelará, no tempo do Senhor, o tempo apropriado. E mesmo quando

esse tempo fez a revelação do que Ele estava realizando anteriormente, pode ser também dito dessa revelação *o que eu faço não o sabes agora; compreendê-lo-ás depois,* quando a eternidade a revelará, e o Céu a fará manifesta de outra forma mais gloriosa. Então todas as Suas relações com Seu povo serão evidentes e todos os Seus desígnios aparecerão, os quais antes eram sombrios e misteriosos.

3. Assim, veja que a Igreja e os filhos de Deus, enquanto neste mundo, não devem pensar em ser isentos de nuvens e escuridão, mesmo quando eles têm o Senhor perto deles, pois "Nuvens e escuridão o rodeiam" (Sl 97:2). E Ele faz das nuvens Suas carruagens nas quais cavalga em direção ao Seu povo. É verdade, as nuvens que o rodeiam têm, às vezes, um lado escuro, e, às vezes, um lado brilhante. No entanto, mesmo no lado mais brilhante, é apenas uma nuvem, onde aparece, e eles não sabem por quanto tempo Ele deve cavalgá-la, em quanto tempo ela desaparecerá e que clima Ele preverá. O Senhor planeja dar ao Seu povo, enquanto aqui, uma prova de Seu cuidado prometido (Is 42:16). Ao conduzir os cegos em um caminho que eles não conhecem, tornando a escuridão em luz diante deles e coisas tortas em retas. E, portanto, eles são mantidos principalmente na ignorância, às vezes até em relação às providências que atingem a Igreja enquanto nuvens pesadas pairam sobre ela. Às vezes na ignorância em relação ao seu dever com a causa de Deus, no dia em que vivem, e a palavra de Sua paciência. Às vezes na ignorância em relação ao seu estado e seu interesse assegurado em Cristo. Às vezes na ignorância quanto ao conforto, quando destituídos da necessária consolação que seu pesaroso caso requer. Às vezes na ignorância em relação à palavra de Deus,

quando um véu é colocado sobre ela. Às vezes em relação à obra de Deus, e o que Ele está realizando, quando eles não podem enxergar Seus passos, nem ouvir Sua voz, ou identificar Sua misericórdia e bondade amorosa em razão da ignorância.

4. Portanto, veja que o tempo do Senhor de fazer nem sempre é o Seu tempo de mostrar o que Ele faz. Ele faz Seu próprio tempo de realizar e Seu próprio tempo de mostrar Sua obra. Ele pode lavar os pés de Seus discípulos e não os deixar entender o que está fazendo, até um momento mais apropriado, quando Ele mostrará a glória de Sua obra, que estava oculta. Portanto, que a Igreja ore: "Aos Teus servos apareçam as Tuas obras, e seus filhos, a Tua glória" (Sl 90:16). E o tempo de o Senhor mostrar Sua obra e a Ele próprio é normalmente muito surpreendente e inesperado. Talvez seja quando a noite deles for a mais escura, e a escuridão a mais sombria, então, de acordo com Sua promessa "Ao justo, nasce luz nas trevas" (Sl 112:4). Ele faz nascer luz da escuridão diante deles: "Ainda que eu tenha caído [...], o SENHOR será minha luz". Às vezes, de fato, Ele lhes manifesta Sua obra, quando eles estão ansiando e esperando: "Pois dessedentou a alma sequiosa e fartou de bens a alma faminta" (Sl 107:9). E, no entanto, às vezes, Ele faz isso, quando eles perderam a esperança, por assim dizer, e não a estão procurando: "Pois o necessitado não será para sempre esquecido, e a esperança dos aflitos não se há de frustrar perpetuamente" (Sl 9:18). Insinuando que eles podem ser esquecidos por um longo tempo, mas não serão para sempre esquecidos. A esperança e a expectativa deles podem perecer por muito tempo, mas não serão para sempre esquecidas: quando ela está desfalecendo,

o Senhor tem piedade da perecível esperança. Às vezes, para mostrar Sua consideração pela santidade e rigor da caminhada, Ele manifesta Sua glória a eles quando estão exercitados em piedade prática para com Deus e o homem. Por isso é que "Ao justo, nasce luz nas trevas" (Sl 112:4). E, "Aquele que tem os meus mandamentos e os guarda, esse é o que me ama; e aquele que me ama será amado por meu Pai, e eu também o amarei e me manifestarei a ele" (Jo 14:21). E é desta maneira que devemos esperar que Sua vinda manifeste Sua obra e Ele próprio. No entanto, às vezes, para revelar a soberania de Sua graça, Ele manifesta Sua obra e a Si próprio quando a religião deles está em baixa, sua vida de oração se foi, sim, seus desvios se multiplicaram e sua rebelião aumentou: "Contudo, não me tens invocado, ó Jacó, e de mim te cansaste, ó Israel" (Is 43:22), mas, por trás do desafio, para que Ele possa comover o coração deles com Sua surpreendente graça, Ele diz: "Eu, eu mesmo, sou o que apago as tuas transgressões por amor de mim e dos teus pecados não me lembro" (v.25). "Por causa da indignidade da sua cobiça, eu me indignei e feri o povo; escondi a face e indignei-me, mas, rebelde, seguiu ele o caminho da sua escolha. Tenho visto os seus caminhos e o sararei; também o guiarei e lhe tornarei a dar consolação, a saber, aos que dele choram" (Is 57:17,18). Alguns acham que esse é o tempo com o qual o texto se relaciona: "o que eu faço", lavando seus pés, "não o sabes agora, compreendê-lo-ás depois". Quando, depois de você ter me negado três vezes, olharei para você, e você sairá e chorará amargamente. Quando, ao cantar do galo, você fugirá para um canto e refletirá sobre seus pecados atrozes e meu olhar gracioso; então você verá, com um coração comovido, mais a respeito do mistério desse lavar os pés: *o que eu faço não o sabes agora; compreendê-lo-ás depois.* Novamente,

5. Portanto, veja o motivo da investigação, o que o Senhor tem feito, o que você sabe sobre isso e se Ele está oculto e desconhecido para você ou não.

Pergunte o que o Senhor tem feito, ou o que está fazendo para você agora; Ele tem se prostrado para lavar seus pés?

Pergunta

Quando se pode dizer que Cristo, em um sentido espiritual, prostra-se e lava os pés de Seus discípulos?

Resposta

a) Pode-se dizer que Ele lava os seus pés, quando lhes mostra seus pés sujos. Ó senhores, o Senhor lhes está mostrando, por Sua graça convincente, que pés sujos, que afeições imundas, que coração imundo e que caminhos e conversa imundos vocês têm? Ele fez a iniquidade apegada aos seus pés cercá-lo, como está no Salmo 49:5? Ele os tem feito dizer, com vergonha e tristeza, "se prevalecem as nossas transgressões? Desventurado homem que sou!". Como entristeci Seu Espírito e contaminei meus pés correndo para a lama? Ó, já houve pés tão sujos quanto os meus que levaram alguém à uma mesa de comunhão?

b) Então, pode-se dizer que Ele lava seus pés, quando faz com que seus pés sujos mergulhem na fonte de Seu sangue, aberta para o pecado e para a impureza. Ele lhes tem mostrado a fonte de pecado e de maldade que está em vocês, e a fonte de limpeza e purificação que está em Jesus, e os feito, pela fé, correr até essa fonte do sangue do Cordeiro, que os purifica de todo o pecado? Se assim Ele espargiu Seu sangue sobre seu coração e consciência, sangue de paz e perdão íntimos, e o tornou precioso a vocês, não apenas como sangue perdoador, mas também purificador, então Ele, de fato, lavou seus pés.

c) Então, pode-se dizer que, quando Ele lava seus pés, os lava como a mulher em Lucas 7:38, que chorava atrás dele para lavar os Seus pés com lágrimas e secá-los com os cabelos. Vocês já foram admitidos a tal proximidade a Ele, que, com ousadia humilde, lançaram-se aos Seus pés? A mulher teve vergonha de olhar para o rosto de Cristo, mas veio por trás dele chorando. Vocês foram cheios de vergonha santa e humilde, e choro de vergonha diante dele por causa de seu pecado, e à vista e apreensão de Ele estar em paz em relação a você (Ez 16:63)?

d) Então, pode-se dizer que Ele lava seus pés, quando eles banham os pés no sangue dos Seus inimigos, como é dito sobre o justo: "Alegrar-se-á o justo quando vir a vingança; banharás os pés no sangue do ímpio" (Sl 58:10). Assim, podemos dizer dos crentes, quando Cristo estiver lavando seus pés, que eles desejam ver o sangue do coração dos inimigos deles e dele, sua incredulidade, ateísmo e todas as suas luxúrias e ídolos: sua alegria seria ver a vingança de Deus sobre eles. Eles estão cheios de vingança santa contra esses inimigos (2Co 7:11). A razão de isso ser uma prova de sua lavagem, é porque, quando Ele os lava, o faz de acordo com esta promessa: "Então, aspergirei água pura sobre vós, e ficareis purificados; de todas as vossas imundícias e de todos os vossos ídolos vos purificarei" (Ez 36:25). Bem, Ele tem lavado seus pés?

Pergunte o que você sabe em referência à Sua obra. Se você sabe que Ele os tem lavado, isso é mais do que simples lavagem. Em tal caso, Ele está lhes dizendo na verdade: "O que eu faço não o sabes agora; compreendê-lo-ás depois". Uma coisa é ser lavado, outra é ter certeza disso. E se Ele lhes assegurou o conhecimento de Sua obra, certamente um pouco do espanto de Pedro encherá seu coração: "Senhor, tu me lavas os pés a mim?". Ó senhores, maravilhem-se, maravilhem-se, homens e anjos, que o Senhor da glória se rebaixou tanto, como um verme tão imundo, a ponto de me lavar em Seu sangue! "Que darei ao SENHOR por todos os seus benefícios para comigo?" Mas essa não é a recompensa de todos. Ó, sejam gratos e humildes, e o que quer que vocês saibam, lembrem-se de que o sabem em parte, e há muito mais no que Ele faz do que vocês sabem. Há outros crentes aqui, que talvez não saibam tudo o que Cristo tem feito por eles. "Se ocultas o rosto, eles se perturbam." Não podem dizer que Ele tem lavado seus pés, mas, sim, ferido o coração deles e os desaprovado, ficado a distância e os mantido na parte de trás da porta; o Consolador, que deveria lhes aliviar a alma, está longe. Bem, do mesmo modo que o crente, isso está claro, não sabe em quanto tempo poderá estar sob uma nuvem, assim quando está sob uma nuvem não sabe em quanto tempo o céu poderá estar limpo, e ambos os casos podem estar abrindo caminho para o que está por vir, quando os desígnios do Senhor se romperem. Portanto, seja qual for o caso, que esta palavra ainda seja a ponderação: *"O que eu faço não o sabes agora; compreendê-lo-ás depois"*. Portanto,

6. Deixe-nos ver o dever de todos, tanto santos como pecadores, neste grande ajuntamento de pessoas. Ele produz instruções especiais a todos os santos e filhos de Deus, seja qual for o seu caso, e o que quer que o Senhor esteja fazendo, especialmente se o Seu caminho estiver oculto e desconhecido, sombrio e misterioso em qualquer aspecto, e principalmente aos discípulos:

a) É seu dever, ó crente, distinguir o que o Senhor está fazendo, observar Seus passos majestosos e idas ao santuário, embora sejam muito ocultos e desconhecidos. Sim, mais do que sombrios e misteriosos, eles são os mais dignos de serem conhecidos. É uma marca dos que não possuem a graça não considerarem as obras de Suas mãos. "Quem é sábio atente para essas coisas e considere as misericórdias do Senhor" (Sl 107:43). Essa observação compreende a crença de que o Senhor está realizando Sua obra, embora as nuvens a ocultem de nosso combate, e trazendo um julgamento adequado sobre o que Ele está fazendo, interpretando tudo para o melhor. Isso é para considerar sabiamente o Seu feito (Sl 64:9). Para crer que tudo é bom e é para o bem de Seu povo, devemos considerar Sua obra até observarmos Sua bondade amorosa nela. Por isso,

b) É seu dever nunca julgar duramente Suas obras, por mais ocultas e desconhecidas que elas sejam, sim, por mais pesadas e aflitivas. Você medirá o amor de Deus através de dispensações exteriores, ou mesmo, através de abandono interior? Embora, de fato, seja você quem chore quando o noivo está distante, bem como se alegra quando Ele está presente, ainda assim, não meça Seu amor por Sua providência, mas por Sua promessa. É o filho tolo que pensa que a mãe o abandonou toda vez que ele está fora do alcance da vista, ou longe de seus braços. Portanto, não diga, quando Ele se esconder: "Ó! Seu coração está mudado, Seu amor acabou, tudo o que Ele fez foi apenas uma ilusão, não há esperança, tudo está desfeito!". Qualquer que seja o Seu trato, embora você não consiga dar conta deles, mas no que você não pode crer por meio do conhecimento, você deve saber crendo. Devemos crer quando não podemos conhecer. Pisque às providências e abra seus olhos para as promessas.

c) Não discutam nem questionem o que vocês não sabem, mas prostrem-se e admirem-se: "Aquietai-vos e sabei que Ele é Deus", e Ele agirá como tal. Não estabeleçam limites ao Santo de Israel, concluindo que Ele não virá, porque Ele não vem no tempo e da maneira que vocês imaginam. Temam pensar que vocês poderiam lidar com isso de outra forma e fazer melhor do que a infinita sabedoria consideraria adequado fazer. Que orgulho abominável é esse! Ó, conservem pensamentos elevados sobre Ele, cujos caminhos são mais altos que os seus, que o que Ele faz vocês não o sabem. E se Suas obras são tão mais elevadas do que as suas, quão excelsos e insondáveis são Seus conselhos! No entanto, ó, lembrem-se ainda de que, quaisquer que sejam as nuvens que possam estar em seu céu, Ele estabeleceu uma firme conexão entre dispensações obscuras e promessas justas.

d) Se vocês quiserem saber mais do que o Senhor está fazendo, deveriam aprender a ser cristãos práticos e andar no temor do Senhor, pois, "a intimidade do SENHOR é para os que o temem" (Sl 25:14). Quanto mais perto vocês vivem de Deus, mais conhecem Sua mente e são conduzidos por Sua mão invisível em um dia escuro, pois, Ele "guia os humildes na justiça e ensina aos mansos o seu caminho". Aprendam, portanto, a andar humildemente com seu Deus e o que Ele faz, embora vocês não o saibam agora, o saberão mais tarde.

e) Não se orgulhem nem se tornem altivos se souberem mais do que os outros e se Ele os estiver tratando como amigos: "Já não vos chamo servos, porque o servo não sabe o que faz o seu senhor; mas tenho-vos chamado amigos, porque tudo quanto ouvi de meu Pai vos tenho dado a conhecer" (Jo 15:15). E, mesmo que vocês sejam exaltados acima da medida, não pensem que Ele não ordenaria um espinho na carne para vocês, e uma cruz para mantê-los humildes. Lembrem-se de como anteriormente a cruz reduziu seu orgulho, conteve seu predomínio, colocou-os para orar e enviou-os gemendo para Deus em Cristo. Não tenham orgulho do que vocês sabem, pois, embora sejam mais beneficiados do que alguns de seus semelhantes, vocês não sabem que tempo está por vir, nem quais tempestades podem soprar sobre vocês, ou sobre a Igreja de Cristo, ou se esta será sua última Ceia.

f) Se o que Ele faz é sombrio e desconhecido para vocês agora, ó, esperem nele que diz: *compreendê-lo-ás depois*. Ó, esperem nele confiadamente. Quando Sua obra for sombria e oculta para vocês, é o momento adequado para a fé brotar e produzir fruto: "Esperarei no Senhor, que esconde o Seu rosto da casa de Jacó" (Is 8:17). Mesmo quando as coisas prometidas parecem improváveis e impossíveis, no entanto, tendo a firme palavra de Deus, que não pode mentir ou mudar, lá vocês deverão descansar como ancorados sobre essa rocha inabalável e cavalgar todas as tempestades de raciocínios carnais e sugestões corruptas. Esperem nele pacientemente. "O Senhor é Deus de justiça; bem-aventurados todos os que nele esperam" (Is 30:18). "Esperei confiantemente pelo Senhor; Ele se inclinou para mim e me ouviu quando clamei por socorro. Tirou-me de um poço de perdição, de um tremedal de lama; colocou-me os pés sobre uma rocha e me firmou os passos. E me pôs nos lábios um novo cântico, um hino de louvor ao nosso Deus" (Sl 40:1-3). Sejam quais forem as Suas dispensações, embora Ele me mate, mesmo assim confiarei nele, quaisquer que sejam as nuvens escuras que aparecerem, sejam em Sua obra ou em Sua palavra. A pobre mulher de Canaã deparou-se com muitas coisas desencorajadoras, mesmo em relação a Cristo. No início, Ele não lhe responde nem uma palavra. E quando Ele fala uma palavra, a primeira coisa que Ele diz parece excluí-la de sua comissão: "Não fui enviado senão às ovelhas perdidas da casa de Israel". Ai de mim, agora ela poderia dizer: "Não preciso mais orar, pois fui rejeitada!". Não, mas ela continua dizendo: "Senhor, me ajude". Então, Ele a chama de cachorrinho. Ainda assim ela espera e então recebe uma atenção misericordiosa e maravilhosa: "Ó mulher, grande é a tua fé! Faça-se contigo como queres". Continue assim, cristão. Ó crente incrédulo, confie nele e dê-lhe tempo, e Ele esclarecerá tudo para você, embora seja através do fogo e água que Ele o leve para a terra próspera. Você tem Sua promessa selada com Seu precioso sangue, e Seu juramento solene, de que, quando você passar pelo fogo e água, Ele estará com você, quer você perceba ou não. Você não sabe agora o que Ele faz ou planeja. Não sabe que passos profundos estão diante de você em relação a problemas, mas, com Sua promessa em mãos, você pode dizer: "Tu, que me tens feito ver muitas angústias e males, me restaurarás ainda a vida e de novo me tirarás dos abismos da terra. Aumenta minha a grandeza, conforta-me novamente" (Sl 71:20). Você não sabe quais são os passos imundos diante de você em relação a pecados. "Agora estou lavando seus pés", Jesus poderia dizer a Pedro, "mas você não sabe que essa é apenas uma espécie obscura de outro tipo de lavagem que você precisará muito em breve. 'Antes que duas vezes cante o galo, tu me negarás três vezes', apesar de sua determinação atual de que, embora todos os homens me abandonem, você não me abandonará. Você não o sabe agora, que contaminará terrivelmente seus pés, mesmo depois de eu tê-los lavado".

Ó Jesus maravilhoso, que deveria lavar os pés sabendo que eles logo estarão na poça novamente! Mas, independentemente do que vier a acontecer, embora Satanás, através de suas tentações, o apresse para a lama do pecado, mesmo assim acautele-se para não ser levado às pressas para a profundidade do desespero. É com isto que o diabo se importa: que ele possa fazê-lo afrontar tanto a Lei quanto o evangelho de Deus de uma só vez, para que, tendo tentado você a desonrar Seu nome, quebrando Seus mandamentos da Lei, o diabo possa tentá-lo a desacreditar Sua graça, perdendo a esperança em qualquer bem advindo de Deus pela promessa do evangelho. Portanto, ó crente, veja a necessidade de esperar e vigiar a cada momento, e a necessidade de o Senhor lavar e regar a cada momento, de acordo com a promessa: "Eu, o SENHOR, a vigio e a cada momento a regarei" (Is 27:3). Não pense que apenas uma lavagem ou rega resolverá seu problema. Embora, através do brilho do Senhor sobre sua vida, você tenha estado em um céu de alegria e consolo neste momento, você não o sabe, mas, através de Sua ocultação e retirada, você pode estar em um inferno de pecado e tristeza no momento seguinte. E embora nosso glorioso Senhor estivesse conduzindo seus pés neste momento, não posso prometer, mas, antes de o galo cantar duas vezes, seus pés estarão tão sujos como sempre foram. Portanto, ó, espere e dependa dele, para lavá-lo e regá-lo a cada momento.

Ó, cuidado com a segurança, pois você nunca teve tanto de Sua graça e plenitude em um só momento, como se lhe permitisse a liberdade para afrouxar sua dependência dele no próximo momento. Nessa forma de esperar nele, embora agora você não saiba o que Ele faz, mas o saberá mais tarde, e Ele lhe dará ocasião para vê-lo realizar Sua obra, embora deva ser através de maneiras terríveis ou por meios agradáveis, e dará ocasião para dizer: "Vinde e vede as obras de Deus: tremendos feitos para com os filhos dos homens! Converteu o mar em terra seca; atravessaram o rio a pé; ali, nos alegramos nele" (Sl 66:5,6). Ele transformou um mar de tribulação em uma terra seca de consolação. "Vinde, ouvi, todos vós que temeis a Deus, e vos contarei o que tem Ele feito por minha alma" (v.10). O que Ele faz agora, o pouco e o muito, as vicissitudes e mudanças, as tempestades e calmarias, os caminhos sombrios e misteriosos, Ele o conduz através deles e, cedo ou tarde, depois virá e lhe explicará, dizendo: "Clamaste na angústia, e te livrei; do recôndito do trovão eu te respondi e te experimentei junto às águas de Meribá" (Sl 81:7). "Eu te cingirei, ainda que não me conheces" (Is 45:5). "O que eu faço, não o sabes agora." Pode levar alguns dias ou anos para explicar o que Ele faz agora. Seja pouco ou muito que você saiba, talvez um dia de provação que se aproxime fará você saber mais. Um dia de morte pode fazê-lo conhecer melhor, mas o dia de glória é o melhor de todos. Você saberá depois, cristão, em parte na Terra, e perfeitamente no Céu. Graciosamente no tempo, e gloriosamente através da eternidade.

Concluirei agora com uma palavra aos inimigos, aos pecadores, que ainda são totalmente estranhos ao nosso Salvador Jesus Cristo. Ó, vocês que desprezam o Senhor da glória, embora Ele tenha sido evidentemente crucificado diante de vocês nesta ocasião, o que direi a vocês? Não posso eu lhe dizer, ó pecador, como este texto pode ser aplicado a você? Cristo está lhe dizendo: "O que eu faço não o sabes agora; compreendê-lo-ás depois". Ele tem feito algo diante de seus olhos, neste momento, e você não o sabe. Sim, Ele tem lhe feito algo que você não conhece e considera. Embora Ele não tenha lavado seus pés, Ele tem se oferecido para lavá-lo, e não apenas seus pés, mas sua cabeça e mãos, porque o crente que já está lavado pela graça regeneradora não precisa senão lavar os pés. Mas você precisa que sua cabeça e coração sejam lavados, assim como suas mãos e pés. Você precisa ser lavado da imundície do seu estado, bem como da imundície de seus caminhos. Mas, qualquer que seja a lavagem que você precisa, Ele a tem oferecido e a si próprio para ser quem a realiza, dizendo: "Se eu não te lavar, não tens parte comigo". E neste momento Ele está se oferecendo a você, perguntando: "Queres ser lavado? Você deixará que eu lave seu coração, mãos e pés?". "Não, não", diz a incredulidade. "Você nunca lavará meus pés, é demais para Cristo, o Filho de Deus, fazer. Eu me lavarei, e me arrependerei, e me tornarei religioso em outra ocasião, pois no presente, já estou ocupado." Você decidirá por não colocar nada nas mãos de Cristo? É assim que você trata Sua gentil oferta, quando Ele abre a porta da misericórdia para você e o chama através deste ou daquele ministro, e outro ministro, todos lhe dizendo que você será bem-vindo com todos os seus pecados: "O que vem a mim, de modo nenhum o lançarei fora". Seja quem você for, pecador jovem ou velho, eis que o humilde Jesus faz a oferta mais condescendente a você, que jamais homens ou anjos ouviram: "Ó pecador imundo, você me deixará lavá-lo, 'pois se eu não te lavar, não tens parte comigo', nem nunca terá?".

Se você está tão ligado a suas luxúrias imundas que não está disposto a tê-las lavadas, devo lhe dizer que você não sabe o que está fazendo e não sabe o que Cristo está fazendo, *mas compreendê-lo-ás depois,* seja em uma forma de ira, para sua grande confusão, ou em uma forma de misericórdia, para o seu profundo remorso.

1. O que Ele faz com esta oferta para lavá-lo, você compreenderá depois para a sua confusão. Talvez, quando estiver ofegante em cima de um leito de morte e a consciência despertando, começará a dizer: "Ó, muitas doces ofertas de Cristo e de misericórdia eu recebi e desprezei, e isso entre outras coisas, quando Ele se ofereceu para lavar meus pés, e eu recusei e rejeitei Sua oferta!". Você compreenderá depois, quando ouvir o terrível juízo vir a você: "Apartai-vos de mim, malditos, para o fogo eterno, preparado para o diabo e seus anjos", e quando, com choro e ranger de dentes, você vir Abraão, Isaque, Jacó e todos os profetas, apóstolos e seguidores do Cordeiro no reino dos Céus, e você mesmo lançado para fora, e quando pensar e disser: "Ó vil miserável

que fui! Eu poderia estar além na glória, mas fiquei ocupado com as coisas vãs do mundo e minhas vis luxúrias e não estava disposto a tê-las lavadas, e agora devo ser alojado no inferno entre demônios e malditos reprovados para sempre". Ó, pense sobre isso antes que seja tarde demais!

2. Se a misericórdia o impedir após esta recusa, o que Ele agora faz, você o saberá depois para o seu amargo remorso. Se alguma vez o Senhor tiver misericórdia de você, e se manifestar a você, ó, será como uma espada em seu coração e o traspassará rapidamente quando Ele disser: "Eu sou José, vosso irmão, a quem vendestes para o Egito!". "Eu sou Jesus, seu Salvador, a quem você desprezou! Eu sou aquele cujos clamores você desprezou e cujas ofertas gentis desconsiderou. Quando me ofereci para lavar seus pés, você levantou o calcanhar contra mim e agora 'como te porei entre os filhos'? Como o libertarei quando desvalorizou tanto minha bondade e pisoteou no meu sangue, o qual ofereci para lavá-lo?". Que mau presságio será isso para o seu coração, se Ele tiver misericórdia de você depois. E, ó, que o remorso amargo seja iniciado em seu peito neste momento, com um "ai de mim porque desprezei tal oferta por tanto tempo". Ó! Ele está dizendo ao pecador mais vil, "venha e deixe-me lavá-lo!". Então, que bom seria se seu coração dissesse: "Senhor, vem e sê bem-vindo! Ó, vem e lava minha consciência da culpa e meu coração da imundície do pecado". Você está cordialmente disposto, e atualmente disposto, e universalmente disposto a ser lavado em Seu sangue de toda a sua imundícia e de todos os seus ídolos? Por que depois? Espero que Ele esteja fazendo algo em seu coração e vontade, que, embora agora você não possa compreender,

Ele explicará misericordiosamente no devido tempo, pois é Sua própria promessa: *O que eu faço não o sabes agora; compreendê-lo-ás depois.*[10]

---

[10] Seleção extraída de Ralph Erskine, *The Sermons, and Other Practical Works, do falecido Reverendo e letrado Sr. Ralph Erskine, Ministro do Evangelho em Dunfermline. Composto por Mais de Cento e Cinquenta Sermões, Além de Suas Peças Poéticas. Em Dez Grandes Volumes Octavo. Para o qual é prefixado um relato da vida e dos escritos do autor, com um Poema Elegíaco, e Grandes Conteúdos. Vol. VI.* (Falkirk: Impresso por Patrick Mair, 1796, The Spurgeon Library, Midwestern Baptist Theological Seminary, Kansas City, Missouri), 287-317.

3
Seleção de

JOHN OWEN

O USO DA FÉ EM MOMENTOS DE INJÚRIA E PERSEGUIÇÃO

O justo viverá pela sua fé.
—Habacuque 2:4

Vocês se lembram que falei ocasionalmente do Salmo 97:2 — "Nuvens e escuridão o rodeiam, justiça e juízo são a base do seu trono". E daí tive a oportunidade de considerar o que é nosso dever especial quando nuvens e escuridão nos rodeiam, como agora neste dia. E alguns de vocês sabem que estou muito convencido de que as nuvens que estão se acumulando, pelo menos em sua primeira tempestade, cairão sobre o povo de Deus. Devo dizer repetidamente que os tenho avisado há alguns anos, e declarado que seria assim. A estrutura atual contra a qual tenho que entrar em conflito em meu próprio espírito, e essa estrutura de espírito que observei em outros, o estado e condição de todas as igrejas e mestres, até onde eu saiba, é: eles entraram em um estado de segurança pavorosa. Falo com meu coração e com o que sei com referência ao nosso estado atual e à causa de Deus: entramos, digo, em uma segurança sombria, que ainda me confirma que a tempestade virá sobre nós e que não demorará muito até que a sintamos. Meu plano é, portanto, mostrar-lhes como devemos nos comportar em tempos de perplexidade e dificuldade que estamos para experimentar neste mundo. E não me sentei para estudar coisas para falar, mas apenas dizer-lhes da experiência do meu próprio coração e no que estou labutando. Já lhes mostrei qual é o nosso dever com a aproximação desse momento angustiante e calamitoso que está vindo sobre nós, e o que a fé fará em tal ocasião.

II. Agora, em segundo lugar, lhes mostrarei como a fé resistirá em meio a outras perplexidades, que estão presentes ou estão por vir sobre nós. A saber: 1. Como podemos viver pela fé, sob todos os momentos de injúria e perseguição que vêm ou podem vir sobre nós, por conta dessa ordem e comunhão do evangelho, do modo de adoração a Deus que professamos. 2. Como podemos viver pela fé, com referência ao retorno sobre nós da escuridão e crueldade anticristãs, se Deus assim quiser que aconteça. 3. Como podemos viver pela fé sob a apreensão de grandes e lamentáveis corrupções nas igrejas, nos membros da igreja, em mestres de todos os tipos e na retirada gradual da glória de Deus de nós por conta desse relato.

1. Como podemos viver pela fé, *com referência a essas injúrias,* que escarnecem e desprezam, que são lançadas sobre os caminhos de Deus que professamos, sobre a adoração a Deus na qual estamos envolvidos e sobre a ordem do evangelho que observamos, com as perseguições que virão sobre nós por conta disso? Realmente, posso dizer disso como os judeus disseram a Paulo sobre o cristianismo: "É corrente a respeito desta seita que, por toda parte, ela é impugnada"

(At 28:22). O mundo inteiro parece estar unido para que o nome de Israel, desta forma, não possa mais ser lembrado. Há poucos que se preocupam com essas coisas, enquanto está tudo bem com eles, suas famílias, seus relacionamentos, propriedades e posses. O que significa para eles que os caminhos de Deus sejam injuriados? Eles não se preocupam com isso. Eles não podem dizer como o salmista, quando fala na pessoa de Cristo: "As injúrias dos que te ultrajam caem sobre mim" (Sl 69:9). Talvez alguns de nós sejam mais conscientes do que outros (ou, pelo menos, têm razão para ser) dessas injúrias que são continuamente lançadas sobre os caminhos de Deus, notando que elas estão mais particularmente sobre nós. Mas, para aqueles que não estão preocupados com tal desprezo, eu diria três coisas:

Primeiro. *Qual evidência você demonstra de ter interesse na glória de Deus?* Pois essas coisas são aquelas em que Deus é glorificado neste mundo, e se você não está interessado quando há tantas reflexões lançadas sobre ela, ore e considere que evidência você tem em si mesmo de qualquer interesse na glória de Deus.

Segundo. *Qual evidência você demonstra de ter amor por essas coisas,* enquanto as ouve ser injuriadas, desprezadas, condenadas, e nunca ser tocado a fazer algo? Um homem honesto e bom se sentiria preocupado se sua esposa ou filhos fossem injuriados com mentiras e coisas vergonhosas, por causa do seu interesse por eles. Mas, para aqueles que ouvem os caminhos de Deus serem injuriados todos os dias e, enquanto estiver tudo bem com eles e com os seus, não estão preocupados, esses não podem dar nenhuma evidência de que têm amor por elas. Neemias clama em tal ocasião: "Ouve, ó nosso Deus, pois estamos sendo desprezados; caia o seu opróbrio sobre a cabeça deles, e faze que sejam despojo numa terra de cativeiro" (4:4). Deus fez promessas especiais àqueles que assim estiverem preocupados, como se lê em Sofonias: "Eu os congregarei", diz o Senhor. Quem Ele congregará? "Os que estão entristecidos por se acharem afastados das festas solenes [...], estes que são de ti e sobre os quais pesam opróbrios" (3:18). As assembleias solenes eram injuriadas e ridicularizadas. E havia alguns deles (nem todos) a quem essa injúria era um opróbrio. "Estes", diz Deus, "Eu congregarei". "Os congregarei debaixo de minha graciosa proteção".

Terceiro. Para acrescentar mais uma palavra: Se você não se interessa pelas injúrias que são lançadas sobre os caminhos de Deus, *a perseguição o despertará* e o deixará interessado, ou colocará um fim em toda a sua confissão.

Bem, a questão é como, sob essas dificuldades com que temos de nos confrontar, glorificaremos a Deus e passaremos por elas sem perdas, para nosso benefício espiritual?

O apóstolo, no capítulo 10 de Hebreus, onde ele descreve esta mesma condição da qual tenho falado, nos direciona totalmente. Ele disse: "Lembrai-vos, porém, dos dias anteriores, em que, depois de iluminados, sustentastes grande luta e sofrimentos; ora expostos como em espetáculo, tanto de opróbrio quanto de tribulações, ora tornando-vos coparticipantes com aqueles que desse modo foram tratados. Porque não somente vos compadecestes dos encarcerados, como também aceitastes com alegria o espólio dos vossos bens..." (vv.32-34). Mas como nos comportaremos sob esta condição aqui descrita? "Todavia", diz ele, "o meu justo viverá pela fé" (v.38).

Qual é a obra da fé nesta condição, para que possamos glorificar a Deus e a levarmos a cabo para uma boa e confortável condição para nós mesmos? Responsabilize-se e certifique de como a fé operará para lhe dar apoio e provisão. Eu lhe direi no que estou trabalhando em meu próprio coração, e o Senhor o direcionará para descobrir o que será mais útil! O que a fé fará nesse caso? Eu respondo...

a) *A fé nos dará tal experiência do poder,* eficácia, doçura e benefício das *ordenanças evangélicas* e adoração evangélica, *como nos fará desprezar tudo o que o mundo pode fazer em oposição a nós.* Aqui eu lançaria minha âncora e os exortaria a não depositarem confiança em si mesmos, pois nada mais os manterá e os preservará. Uma opinião, uma opinião e julgamento bem fundamentados, não os preservará. Amor a este ou àquele ministério de um homem não os preservará. O que vocês são capazes de disputar por seus próprios meios não os preservará (posso lhes mostrar casos em que todos eles falharam); resoluções que, caso todos os homens as deixassem, exceto vocês, são insuficientes. Nada pode preservá-los, senão um sentido e experiência da utilidade e doçura das administrações evangélicas, de acordo com a mente de Jesus Cristo. Só essa fé pode lhes dar desejo pelo "genuíno leite espiritual" (1Pe 2:2). "Deseje, e labute para continuar, as ordenanças do evangelho, e a adoração a Deus sob a administração da palavra". Como? "Se é que já tendes a experiência de que o Senhor é bondoso" (v.3). Caso contrário, vocês nunca o desejarão. Eu deveria esperar que, através da graça de Deus (e caso contrário, não espero), eu ainda possa continuar (se, de fato, eu pudesse me manter vivo) uma experiência que, na dispensação da Palavra, encontre uma prática constante de fé em Deus, satisfação nele, amor por Ele. Se eu compreender que venho à Palavra como esperando receber de Deus um senso de Seu amor e dispensação de Sua graça, eu deveria, então, ter boa esperança, através da graça, de que dez mil dificuldades nunca deveriam me abalar na continuidade deste caminho. Mas, se for o contrário, não haverá continuidade nem permanência. Menciono essas coisas porque, para a melhor observação que um pobre verme como eu possa fazer, há uma frieza poderosa e indiferença cultivada sobre o espírito dos homens em realizar adoração a Deus. Não há aquela vida, espírito, coragem e satisfação nele como havia em tempos passados, e se assim for, só Deus sabe onde pode acabar. Isso, digo eu, é a primeira coisa que a fé fará nesta situação, se a colocarmos em ação. Se apenas labutássemos para despertar a fé a fim de encontrar essas dispensações de vida espiritual e força nos caminhos da adoração a Ele e suas ordenanças, se labutássemos para superar preconceitos e nos colocarmos contra a preguiça e a negligência — devemos nos ver como outros homens, e ter grande liberdade quanto ao que o mundo pode fazer para nós. Isso é o que a fé pode fazer por nós em tal circunstância. E a isso é o que gostaria de estar labutando para levar meu próprio coração.

b) *A fé*, em tal situação, *trará a alma para um sentido experiencial da autoridade de Jesus Cristo, como para fazê-la desprezar todas as outras coisas*. Confesso que, se não fosse pela autoridade de Cristo, renunciaria a todas as suas reuniões, pois elas não têm nem forma nem graciosidade nelas mesmas para serem desejadas. Mas um profundo respeito à autoridade de Cristo (a menos que o nosso perverso coração seja traído pela incredulidade e fraqueza) é o que realizará tudo o que pode acontecer conosco. A fé efetivará este duplo aspecto em relação à autoridade de Cristo:

Primeiro. *Como Ele é o grande cabeça e legislador da Igreja,* que sozinho recebeu todo o poder do Pai para instituir toda a adoração e quem impuser algo sobre esse assunto usurpa sua coroa e dignidade. Todo o poder de instituir adoração espiritual é dado a Cristo no Céu e na Terra. E depois? "Ide, portanto", diz ele, "ensinando-os a guardar todas as coisas que vos tenho ordenado" (Mt 28:18-20). Traga sua alma para este exercício de fé, para que as coisas que fazemos nos sejam ordenadas por Cristo, que é o Senhor soberano sobre nossa consciência, que tem autoridade soberana sobre nossa alma. Todos devemos comparecer perante Seu trono de julgamento, que nos questionará se fizemos e observamos o que Ele nos ordenou ou não. Não apenas digam essas coisas, mas labutem muito pela fé para *influenciar* sua consciência com *essa autoridade de Cristo*, e vocês verão que todas as outras *autoridades não chegarão a nada,* no entanto, vocês podem sofrer por ela.

Segundo. A fé respeita a autoridade de Cristo, *pois Ele é Senhor dos senhores e Rei dos reis* e está assentado à direita de Deus, esperando que todos os Seus inimigos se tornem o escabelo de Seus pés, já que Ele não apenas tem um cetro dourado em Sua mão, mas "um cetro de justiça", com o qual ele governa Sua Igreja, mas também uma vara de ferro, para quebrar todos os Seus inimigos em pedaços como um vaso do oleiro. Se a fé se exercitar sobre este poder e autoridade de Cristo sobre seus inimigos, derramará desprezo sobre todas as coisas que o mundo pode fazer. Vocês não podem ser levados perante qualquer magistrado, mas Cristo está lá presente, maior do que todos eles, que tem o fôlego deles em Suas mãos, a vida deles e seus caminhos à Sua disposição, e pode fazer o que quiser com eles. A fé trará a presença de Cristo em tal ocasião, quando de outra forma seu coração falharia de medo, e vocês seriam deixados à sua própria sabedoria, o que é loucura, e sua própria força, que é apenas fraqueza. Mas, se vocês tiverem apenas fé operando no sentido dessa autoridade, isso os tornará como aquelas pessoas seguras de si em Daniel 3. Não se admirem com a grandeza da resposta deles e a tranquilidade de quando, por um lado, olharam para a fornalha ardente e, por outro, o semblante ardente da terrível majestade. "Se o nosso Deus", disseram eles, "a quem servimos, quer livrar-nos, ele nos livrará da fornalha de fogo ardente e das tuas mãos, ó rei. Se não, fica sabendo, ó rei, que não serviremos a teus deuses, nem adoraremos a imagem de ouro que levantaste" (vv.17,18). A fé nos dará a mesma compostura de espírito e a mesma decisão. E, com essas coisas, devemos nos tranquilizar sob o pior que pode acontecer conosco.

c) *A fé*, em tal caso e condição, *trará à mente*, e tornará eficaz em nossa alma, *os exemplos daqueles que se foram antes de nós* de dar o mesmo testemunho que nós, e nos sofrimentos que eles passaram em relação a essa situação. Quando o apóstolo disse aos hebreus crentes que, através de todas as suas provações, tribulações e sofrimentos, eles deviam viver pela fé (Hb 10), "Que encorajamento", eles poderiam dizer, "receberemos pela fé?". Ora, diz ele, "A fé trará à mente todos os exemplos daqueles que se foram antes de vocês, que sofreram e foram afligidos e angustiados como vocês são agora".

Esse relato abrange todo o capítulo 11 e boa parte do início do 12 de Hebreus. É uma grande coisa quando a fé revive um exemplo. Vamos, então, pela fé, ter em nossa mente os exemplos que estão registrados nas Escrituras. Há o exemplo de Moisés, que o apóstolo nos dá, e é um exemplo eminente, pois ele preferiu "ser maltratado junto com o povo de Deus a usufruir prazeres transitórios do pecado; porquanto considerou o opróbrio de Cristo por maiores riquezas do que os tesouros do Egito" (11:25,26). Ele, pela promessa sombria pela qual tinha que viver, suportou a injúria de Cristo. Meus irmãos, tomem os profetas como exemplo daqueles que sofreram e considerem como os apóstolos se foram antes de nós, mas não parem neles, pois há Aquele maior do que Moisés, e os profetas, e apóstolos, maior do que até mesmo uma nuvem de testemunhas: Este é ninguém menos do que a pessoa do Senhor Jesus Cristo — "olhando firmemente para o Autor e Consumador da fé, Jesus, o qual, em troca da alegria que lhe estava proposta, suportou a cruz, não fazendo caso da ignomínia" (12:2). Ele sofreu a contradição dos pecadores contra Ele mesmo, "e agora está assentado à destra do trono de Deus". A fé, chamando atenção para esses grandes exemplos, nos dará grande apoio sob todas as provações que podemos enfrentar e nos confrontar. Para onde vamos? O que esperamos? Estaremos onde Moisés está e onde os profetas estão, mas como eles chegaram lá? Eles não chegaram lá através do aumento das riquezas e multiplicando para si mesmos propriedades no mundo, mas pelos sofrimentos e a cruz. Através de muitas tribulações, eles entraram no reino dos Céus.

d) *A fé receberá as providências que Cristo determinou para Seu povo, em tal ocasião.* Cristo fez uma provisão peculiar para os santos que sofrem, e consiste em duas coisas: primeiro, em Sua presença especial com eles. Ele estará com eles no fogo e nas águas. Segundo, na comunicação do senso de amor de Deus a eles. Sua "tribulação produz perseverança; e a perseverança, experiência; e a experiência, esperança. Ora, a esperança não confunde, porque o amor de Deus é derramado em nosso coração pelo Espírito Santo, que nos foi outorgado" (Rm 5:3-5). A fé trará todas essas coisas para a alma. Mas a mente de vocês deve ser espiritual, ou não poderão apresentar um ato de fé para trazer essa provisão especial que está determinada para santos em sofrimento. E muito poucos alcançam esse nível espiritual, onde a fé busca nessas consolações espirituais o que Cristo preparou para tais pessoas. Essa é uma maneira pela qual podemos viver pela fé em tal ocasião. Procurem, portanto, e façam uma indagação quando estiverem com problemas, que senso a fé lhes traz do amor de Deus para conduzi-los através dessas dificuldades.

e) *É só a fé que pode nos livrar em relação à contemplação do galardão.* Moisés preferiu "ser maltratado junto com o povo de Deus a usufruir prazeres transitórios do pecado; porquanto considerou o opróbrio de Cristo por maiores riquezas do que os tesouros do Egito porque contemplava o galardão" (Hb 11:25,26). A aflição leve e momentânea que sofremos neste mundo "produz para nós eterno peso de glória" (2Co 4:17). Quem sabe, em poucos dias, alguns de nós podem ser levados para essa glória incompreensível, onde eternamente nos admiraremos de sempre termos colocado algum tipo de peso sobre as coisas aqui embaixo? A fé fixará seu olhar na eterna contemplação do galardão. Temos, de fato, uma fé em ação, que estabelece a mente dos homens nisso e nessa forma de libertação, e esse e aquele estranho acidente. Mas descobriremos que a verdadeira fé queimará tudo isso como palha.

f) E por último, *a fé operará com paciência*. O apóstolo nos diz: "tendes necessidade de perseverança, para que, havendo feito a vontade de Deus, alcanceis a promessa" (Hb 10:36), e devemos ser "imitadores daqueles que, pela fé e pela longanimidade, herdam as promessas" (Hb 6:12).

Isso é algo do que eu tinha para oferecer-lhes, e espero que seja tanto oportuno quanto útil. No entanto, é o que posso obter nestes tempos de injúria, escárnio e desprezo, que são lançados sobre nós, e perseguições que se aproximam. Digo que a fé revelará para nós essa eficácia, doçura, poder e benefício nas ordenanças espirituais, como para nos tornar dispostos a sofrer qualquer coisa por elas. A fé levará nossa alma para tal sujeição à autoridade de Cristo, como Cabeça da Igreja e Senhor sobre toda a criação, que não seremos aterrorizados com o que o homem pode nos fazer. A fé nos suprirá com exemplos dos santos de Deus, a quem Ele ajudou e auxiliou a passar por sofrimentos, e que agora são coroados e estão em descanso no Céu. A fé nos ajudará a manter nosso olhar fixo, não sobre as coisas deste mundo, mas sobre a eterna recompensa de outro mundo e a glória dele. E a fé também se manifestará em paciência quando as dificuldades forem multiplicadas sobre nós.[11]

---

[11] Seleção tirada de William H. Goold, *The Works of John Owen, D.D. Vol. IX* (Londres e Edimburgo: Johnstone e Hunter, 1851, The Spurgeon Library, Midwestern Baptist Theological Seminary, Kansas City, Missouri), 498-505.

4

Seleção
de

ROBERT LEIGHTON

EXERCÍCIO ADEQUADO NA AFLIÇÃO

Esperarei no Senhor, que esconde o seu rosto
da casa de Jacó, e a Ele aguardarei.
—Isaías 8:17.

Além das provações e tristezas pessoais que são a porção dos piedosos nesta vida, todos têm uma parte nas calamidades e lutas da Igreja. Não apenas quando parte desses problemas os atinge, pois são pessoas individuais, mas, na condição mais remota e mais isenta, há uma viva afinidade da qual não podem se privar. E para as suas próprias tristezas e as de Sião, eles têm apenas um apoio para evitar que sua alma desfaleça debaixo do fardo delas, mas é um apoio grande e forte o suficiente para suportar todo o peso que pode ser colocado sobre si. E é nisso que o Profeta aqui coloca sua determinação: *Esperarei no Senhor, e a Ele aguardarei.*

Entre os muitos pecados do povo com que os profetas tiveram que contender, um, e o principal, foi sua incredulidade, que de fato é a raiz de toda a desobediência e perversidade. O movimento natural do coração possuído por esse pecado sendo, como fala o apóstolo, *afastar-se do Deus vivo* e deixá-lo de lado em troca de auxiliares mortos e inúteis, faz com que recorram e confiem em qualquer coisa exceto em Deus, além de quem não há absolutamente nada em que se fiar. A essa loucura, o profeta aqui contrapõe a ordem de Deus e a sua própria decisão: "Porque assim o SENHOR me disse" (v.11), e este foi o eco de Sua voz, ressoando no meu coração: *aguardarei*. E isso ele fala não apenas por si mesmo, mas em nome de todos que se apropriarão disso e concordarão com sua proposta. E ele pretende que isso seja a principal decisão para os piedosos tanto em seu próprio tempo quanto em tempos vindouros. E está aqui no registro para nós, como o mais verdadeiro caráter de fé e a única determinação nos dias maus.

E essa é a maneira mais poderosa de ensinar, quando os mensageiros de Deus ensinam, por meio de seu próprio exemplo, esses deveres que recomendam aos outros. "Porque assim o SENHOR me disse, tendo forte a mão sobre mim": não apenas com as palavras de Sua boca, mas com a força de Sua mão, Ele a imprime profundamente em seu coração, para que a expressão dela possa vir dessa impressão interior e persuasão da verdade. E isso, de fato, ligará fortemente um homem (como a palavra implica) ao cumprimento desse elevado chamado, apesar de todos os seus desânimos interiores e exteriores, que são tantos que aqueles que mais compreendem a sua natureza possivelmente se desfariam desse chamado, caso não fosse a mão forte de Deus sobre sua consciência, que os liga a esse chamado.

Nas palavras que temos que considerar, primeiro: A provação da fé. Segundo: A força dela. A provação dela está na ocultação do rosto de Deus da casa de Jacó. A força dela está nesse propósito fixo de aguardar por Ele, mesmo nesse momento de esconder Seu rosto.

Que esconde o seu rosto. Para um ouvido natural, isso soa não tanto quanto fogo, e espada, e peste, e cativeiro; mas, sendo corretamente compreendido, é a palavra mais pesada e muito mais pesada que todas as outras expressões de angústia, quaisquer que sejam. É uma palavra muito ampla e abrangente. Todo o tipo de bem que desfrutamos é apenas um feixe de luz da face de Deus e, portanto, a ocultação de Seu rosto é uma intensa expressão de um estado sombrio e aflito. O semblante de Deus brilhando sobre eles em Sua providência e bondade universais é o que sustém o mundo e todas as criaturas. A menor delas subsiste por Ele, e a maior não pode subsistir sem Ele. De modo que as doutrinas dizem verdadeiramente: "Há no mais humilde, *aliquid Dei*, e no mais elevado, *aliquid nihil*". Ele brilha sobre todos nesse sentido, preservando-os, que de outra forma não continuariam por um momento, como é expresso de modo excelente no Salmo 104:29, e particularmente sobre o homem em Salmo 90:3 e Jó 34:13-15.

Contudo a Igreja do Senhor, que temos aqui sob o nome de *a casa de Jacó*, de maneira singular depende de um aspecto especial de Seu semblante para sua existência e bem-estar. Sua paz e prosperidade exteriores, com todas as bênçãos que ela desfruta, são frutos de uma providência mais do que comum. E há bênçãos em sua natureza que não são comuns, mas peculiares à Igreja, que têm mais da face de Deus nelas do que todo esplendor exterior de prosperidade, e, portanto, são os símbolos especiais de amor que Ele concede à Sua Noiva, a Igreja, e pelos quais Ele testifica de Seu casamento com ela. E essa é a existência de uma Igreja, os oráculos e as ordenanças com os quais Deus se manifesta à Sua Igreja, tornando-se conhecido lá por meio de Seu rosto, que é oculto do resto do mundo. E, embora em comparação com a visão de glória, as manifestações mais claras e até extraordinárias de Deus sejam apenas um relance de Suas costas (como aquela experiência de Moisés, que foi singular), em tal sentido que se adequa à nossa presente condição, ainda assim está dito que *nos veremos perante a face de Deus*, e *verei Sua face* e *a beleza dela*, em Seu templo e ordenanças (Sl 42:2; 27:4).

É verdade que as angústias exteriores da Igreja e do povo de Deus, às vezes, são expressas pela ocultação de Seu rosto deles, e por isso faz parte do que o profeta quer dizer aqui. Contudo esse não é todo o sentido dele, de modo algum, mas é uma palavra sobre a aflição deles, realizando uma reflexão acerca do pecado deles que fez com que o Senhor os afligisse, e então, implica Sua justa ira acendida por essas provocações. E geralmente ela tem os ingredientes de julgamentos espirituais sob si, ou privando-os das ordenanças de Deus em sua utilização, ou do poder e eficácia deles (como era neste momento em que vemos a queixa do profeta), e possivelmente, uma grande medida desse pesado julgamento sobre o povo, da cegueira da mente e da dureza do coração, uma insensatez estúpida sob suas calamidades, que é um dos sinais mais certos e mais tristes de sua persistência. E isso é o que o profeta quer dizer, pois, sem eles, ou algo como eles, uma igreja pode estar em grande aflição e, ainda assim, não sob o eclipse do rosto de Deus por tudo isso. Sim, possivelmente esse rosto pode brilhar mais claramente sobre a Igreja em um tempo de problemas exteriores do que em meio a dias de paz e prosperidade; como a Lua, quando está escura na direção da Terra, então a outra metade dela voltada para o Céu está toda luminosa, e, pelo contrário, quando está cheia à nossa vista, está escura para o Céu. Vemos isso no exemplo comum dos tempos primitivos, como o ouro brilhava na fornalha, como a santidade e a pureza da religião floresceram e se espalharam em meio a perseguições, e o zelo por Deus queimava mais intensamente do que os incêndios que foram acesos contra Ele e triunfou sobre eles. E logo depois que eles foram apagados, como começou a esfriar e diminuir, e a pureza da religião insensivelmente morreu por causa de várias superstições e espalhafatosos mecanismos. E a Igreja cresceu para baixo, externamente mais pomposa, mas perdeu tanto em sua integridade pela doutrina e adoração. Portanto, no décimo segundo capítulo do Apocalipse, há uma mulher *vestida do sol com a lua debaixo dos pés*, tão repleta de ornamentos celestiais quanto desprovida dos da Terra. E olhem, novamente, para o capítulo 17, e vejam uma mulher vestida de púrpura e enfeitada com ouro e pedras preciosas, com um cálice de ouro em sua mão, mas ela própria é, sob toda essa vestimenta, *uma prostituta*, e seu cálice de ouro, cheio de imundície abominável. Então, sem dúvida, quando Deus oculta o Seu rosto de Sua Igreja é algo além da pequenez e aflição exteriores dela e maior e mais acentuada do que isso: é a retirada de Sua presença, é a Sua ausência para livrá-los de problemas, para seu conforto espiritual e benefício sob ela.

Primeiro. Bem, como isso é colocado no topo de todas as aflições, devemos estimá-la. Mas, com referência a nós mesmos e à Igreja do Senhor, receio que grande parte de nós não saiba o que é ter esse entendimento. Se o soubéssemos, não haveria necessidade de urgência: ela própria nos convenceria o suficiente a prezá-la e temer perdê-la. A alma que conhece a doçura de Sua presença e Seu rosto brilhando sobre ela não considera nenhum lugar nem condição árdua, desde que possa ser renovada por ela. Como os santos que estiveram em cavernas e calabouços desfrutando mais desse entendimento nesses tempos, quando privados de outros bens materiais. Então tiveram um feixe de luz do Céu em sua alma em seu calabouço mais sombrio, muito melhor do que a luz do Sol e todas as vantagens que o mundo pudesse oferecer. Aquele rabino que viveu 12 anos em um calabouço na época de Francisco chamou um livro que escreveu *The Polar Splendour* (O esplendor polar), implicando que ele tinha tido, então, mais entendimento intelectual enquanto vira menos da luz da consciência. E assim é com muitos cristãos na escuridão da angústia. Se eles buscam essa luz, podem culpar a si mesmos e sua própria negligência se não encontrarem algo dessa verdade. Por outro lado, para a mente espiritual, esse ocultar do rosto de Deus desencorajará e angustiará a condição exterior mais agradável que possa ser-lhe atribuída. Foi no centro da prosperidade de Davi, o suficiente para arruinar tudo: "apenas voltaste o rosto, fiquei logo conturbado" (Sl 30:7).

Bem, se tivéssemos o Senhor, a quem as almas que creem estão unidas em verdade e em justiça, olhando favoravelmente por nós, nossa grande ambição deveria ser caminhar para agradá-lo em tudo e buscar nele mesmo os ornamentos e beleza espiritual que podem nos tornar amáveis a Seus olhos, como uma esposa fiel que se adorna apenas para seu marido. Porque todas essas coisas inferiores são apenas figuras dessa misteriosa vida de graça que a alma recebe de Deus, e pela qual ela vive nele. Há algumas dádivas e canais de alegria espiritual que Deus não concede a todos os cristãos, ou a qualquer um em todo o tempo. Desses nós não falamos. Mas, se desfrutássemos de influências mais permanentes de Seu amor, e se Ele aceitasse nossos serviços de nossas mãos, e medisse Suas graças para nós, vindo até nós, e nos dando acesso para ir a Ele, colocando uma vida e bênção em Suas ordenanças, embora com diferentes graus em tempos diversos, então, nosso cuidado deveria ser pensar sobre essa amizade e relação diligentemente, para vigiar nosso coração e caminhos, para que não admitamos qualquer coisa que perturbá-la ou interrompê-la, e zelar para que não haja a menor redução nela, examinando e descobrindo a causa de tal distanciamento sem demora. Se assim o fizermos, indubitavelmente, encontraremos o Senhor disposto a conversar e habitar conosco. E, embora Ele nos dê medidas menores de bens e graças do que outros recebem, elas serão a medida certa que nos permitirá continuar em nossa jornada. Acima de tudo, pratiquem a humildade. O Exaltado Senhor ama dar a Si próprio e Sua comunhão principalmente ao coração humilde. Não confiem em si mesmos nem em nada abaixo dele. Coloquem toda a sua confiança em Seu poder e bondade. Vejam aqui que foi a multidão de pecados deles que fez com que Seu rosto se ocultasse de Seu próprio povo, *a casa de Jacó*, como Ele lhes diz por intermédio deste profeta (Is 59:1); foi particularmente sua incredulidade em Deus e por terem recorrido a outras ajudas além dele. Quanto mais vocês o estimarem, mais terão dele. E quanto mais crerem em Sua suficiência, mais a acharão e a conhecerão em suas próprias experiências. Sim, pode ser que, quando Seu rosto estiver oculto da Igreja, em relação à angústia pública e abandono, ainda assim, Ele poderá até reluzir o brilho sobre uma alma que secretamente se apega a Ele e se deleita nele. Desta forma, aqui, o profeta não diz que Ele oculta Seu rosto de *mim*, mas da *Casa de Jacó*.

Segundo. Quanto à Igreja, aprendam com o profeta e outros escritores das Escrituras Sagradas: olhar e considerar o estado da Igreja de Deus, tomar conhecimento de como Ele lida com ela, quando Ele brilha sobre ela e quando oculta Seu rosto, e sejam profundamente afetados por isso. Que seus olhos prestem atenção, e que os *seus olhos entristeçam a alma*, como está em Lamentações 3:51. Longe de vocês julgarem qualquer impertinência e pensarem que isso não lhes diz respeito. Na verdade, a maioria de nós tem os dois olhos, e, se tivéssemos mais vinte, deveríamos tê-los todos debruçados sobre nossa condição particular. Desde que tenhamos comodidade e dias bons, devemos sentir pouco pelas *aflições de José*. Não seria desculpável mesmo que nossas devoções secretas nos levassem a esquecer a Igreja. Quão menos desculpável é ter nosso coração completamente envolvido por nossas preocupações terrenas! E vemos aqui o que temos que fazer em nome da Igreja: lamentar seus pecados, implorando perdão pelos males pelos quais Deus ocultou Seu rosto dela; e o que desejar: apenas refazer novamente seus trajes, à medida que surgem problemas — *faze resplandecer o teu rosto, e seremos salvos* — como o retorno da primavera faz com que tudo floresça, e novamente coloque uma nova aparência sobre a natureza. Observe a harmonia e o ressoar do retorno do Senhor a Israel, a volta das esperanças deles e os doces efeitos dela (Os 14:1,5). Todas essas pesadas indignações que estão, ou podem tumultuar, sobre a Igreja e sobre si mesmos, surgem da segurança, impenitência e a improdutividade da Palavra entre eles, o que faz o Senhor ocultar Seu rosto deles. Nossa parte é, portanto, voltar para Ele. Ó, se tivéssemos um coração moldável para colocar o Senhor a prova nisso, Ele poderia e faria coisas ainda maiores por nós. E é isso que devemos sinceramente desejar, e com toda a paciência esperar por Ele, que é o que o profeta faz: *a Ele aguardarei*.

Os dois volantes da alma são o desejo e a esperança. A dificuldade afia o desejo e a aparência de obtenção preserva a esperança. E ambos estão nas palavras que o profeta aqui usa para sua espera e expectativa, pois apresentam um desejo sincero, e ainda uma atenção paciente sobre a questão. Veja o que Davi escreveu: "A minha alma anseia pelo Senhor, mais do que os guardas pelo romper da manhã" (Sl 130:6), guardas que vigiam até a manhã, como traduzem alguns, durante a fria noite que vigia. A coisa que o navegador espera não é um bem particular para si mesmo, pois isso não poderia suportar o contrapeso ao mal a que ele é sensível. A ocultação do rosto do Senhor da casa de Jacó era o que o atribulava, e sua espera foi responsável pelo retorno dessa luz à casa de Jacó. Afligido pelo fato de o Senhor se ausentar de Seu povo, Ele se volta para as frequentes aparições de Deus e o brilhar de Seu rosto a Jacó, e, por tais visões, trazia brilho e glória para o lugar. Veja Oseias 12: "Em Betel, achou a Deus, e ali falou Deus conosco" (v.4) — até mesmo a nós, que temos interesse nessas aparições graciosas. E é necessária uma base de esperança, espera e clamor a Deus. Bem, para que o rosto de Deus fosse oculto daqueles que eram a posteridade de Jacó, e o próprio povo peculiar de Deus, era um pensamento triste para o profeta, que permanece com o fato de que o Senhor Deus lhe tinha dado a conhecer Seu propósito de retornar e restaurar a casa de Jacó, e, por isso, ele decide crer e confiar na palavra de Deus: *a Ele aguardarei*.

Ter esperança, aguardar e crer são abordados de forma indiferente nas Escrituras, e toda a diferença é apenas em relação ao tempo. A fé crê na palavra presente, a esperança olha para o pós-realização, e a espera paciente por ela resulta de ambas. Então, elas são apenas atuações da mesma fé em uma noção diferente, e são, de fato, o teste da fé. Nosso coração tem naturalmente um caráter diferente do que o de aceitar a palavra do Senhor e repousar sobre ela, e, quando ela é protelada, sim, e a aparência da cruz aparece no meio do caminho, ainda assim tem firmeza para crer e pacientemente esperar pela realização. Temos uma disposição infantil. Aquilo de que rimos nas crianças, nas pequenas coisas, no que a mente delas se fixam, podemos lamentar em nós mesmos como uma insensatez maior, e em assuntos de mais importância. Estamos todos com pressa e gostaríamos que as coisas acontecessem tão rápido quanto supomos e, quando há a demora dessas misericórdias que procuramos, estamos quase prontos para ceder. A semente daquilo que brota da boca do rei perverso está no coração de todos nós quando as coisas parecem cada vez pior: "Eis que este mal vem do Senhor; que mais, pois, esperaria eu do Senhor?" (2Re 6:33). É estranho, em processos judiciais e outros negócios de natureza semelhante, quanto tempo um homem esperará por outro e pensará que está tudo bem se ele se apressar no final; e, contudo, quão bruscamente lidamos com Deus se Ele não responder de imediato!

Mas a fé nos ensina (por assim dizer) civilidade espiritual, boas maneiras em relação a Deus. Ela permite que a alma veja Sua grandeza, bondade e verdade, nos convence a esperar nele e não nos cansarmos de esperar: *Esperei confiantemente*, como está no Salmo 40:1. A fé harmoniza a mente, cura essa precipitação leve e inconstante que está naturalmente em nós. *Aquele que crer não foge* (Is 28:16), diz o mesmo profeta. E essa não é uma boa razão para esperarmos nele? Ele não é sábio o suficiente para escolher os tempos mais adequados para Seus próprios propósitos? Bem, que esperemos até que o Senhor seja gracioso conosco, pois Ele "espera para ter misericórdia" de nós (Is 30:18). Ele não é negligente, mas está aguardando apenas pelo tempo devido. Seu amor está esperando o tempo que Sua sabedoria determinou. E, para expressar Sua afeição em nossos termos, Ele está ansiando por esse tempo, assim como nós. Pois a mesma palavra é usada para *Sua* espera, que tanto aqui quanto nesse versículo é usado para *nossa*, e ela significa uma espera sincera ou anseio por essa coisa que esperamos, e, portanto, já que Ele espera e anseia, nossa espera está em uma feliz conformidade com Ele. E assim, com um bom argumento, conclui-se: *são bem-aventurados todos os que nele esperam*. Assim há uma palavra muito confiável: "a visão é ainda para o tempo determinado, e até ao fim falará" (Hc 2:3 ARC), lemos, mas pode ser traduzida por: *ela soprará para o fim*; corre, por assim dizer, tão rápido como um forte sopro. A mesma palavra é usada para o amanhecer (Ct 2).

Terceiro. Não se ganha nada com a impaciência inquieta, além de desejo desnecessário. Não adianta nossas questões, mas nos deixa perplexos sem nenhum propósito. Por outro lado, a espera paciente não perde um momento, mas alcança seu objetivo no devido tempo determinado e tem esta vantagem nesse meio tempo: coloca a mente em um modo de paz e contentamento, pelo qual um homem pode atuar e professar aos outros, mas não pode, verdadeiramente, ter dentro de si mesmo sem fé. "Tu, Senhor, conservarás em perfeita paz aquele cujo propósito é firme; porque ele confia em ti" (Is 26:3). Essa espera é sempre respondida, nunca marcada com decepção, como é o costume de outras esperanças. Portanto, aquilo que o profeta diz: *Aquele que crer não foge,* o apóstolo Pedro declara, *não será envergonhado* (1Pe 2:6). Embora ele não se apresse, mas espere, e espere muito, ainda assim, a sua espera não o envergonhará; ninguém terá motivo para rir dele por isso, pois sua espera será recompensada com sucesso, sua esperança será consumada. Ao passo que, qualquer outra expectativa torna os homens ridículos e os expõe ao escárnio, na medida em que procuram muitas vezes o maior contentamento nas coisas que os enganam. Os riachos que secam no verão são um símbolo das esperanças mundanas. Assim, "as caravanas de Temá procuram essa torrente, os viajantes de Sabá por ela suspiram. Ficam envergonhados por terem confiado; em chegando ali, confundem-se" (Jó 6:19,20). Entretanto, esperar no Senhor nunca iludiu alguém. "Esperei confiantemente pelo Senhor", disse o salmista, "Ele se inclinou para mim e me ouviu quando clamei por socorro" (Sl 40:1). Em seguida, ele faz de sua experiência um bem comum, leva-a a uma conclusão geral: "Bem-aventurado o homem que põe no Senhor sua confiança" (v.4). Assim, ele confirma essa verdade geral por sua experiência particular, e, como diz o apóstolo daqueles que creem, *certifica que Deus é verdadeiro*. Assim, cada um, após provar da bondade do Senhor em sua libertação, deveria falar do benefício da fidelidade do Senhor e dizer: "Como Ele é chamado de *grande em misericórdia e fidelidade*, assim, eu o encontrei e gostaria que outros confiassem nele. Se meu testemunho puder fazer algum bem, ou persuadi-los, eles com certeza o terão onde quer que eu vá". Dessa maneira, no Salmo 34, o profeta não ocultará a bondade do Senhor que ele encontrou: "Clamou este aflito, e o Senhor o ouviu". E, no versículo 8, ele convida a todos para "provar e ver que o Senhor é bom: bem-aventurado o homem que nele se refugia". Ele aconselhará outros, baseado em sua própria experiência. Certamente, ele saberá onde procurar quando novamente for provado. Como ele ama o Senhor pelo que ele descobriu, então recorrerá a Ele sempre em todas as suas dificuldades. "Amo o Senhor", e vendo que "Ele inclinou para mim os Seus ouvidos", estou determinado a "invocá-lo enquanto eu viver" (Sl 116:1).

As dificuldades que a fé do profeta aqui encontra, e que enaltece a força dela, são estas duas: primeira, a multidão de incrédulos que o cercam, como uma torrente poderosa, a que ele estava prestes a se opor, e que tão poucos confiassem no Senhor. Mas ele, então, decide pela fé ir contra, como Josué fez em obediência: *escolhei a quem sirvais*. Deixe que os outros sigam seu curso, cada um no seu caminho;

minha escolha é esta: *a Ele aguardarei*. E não é algo de pouca importância manter a preciosidade da fé contra a profanação e o ateísmo do mundo. E, considerando o desprezo a Deus que existe na sociedade e a oposição da maior parte, é muito se uma mente piedosa não sofrer, às vezes, alguma coisa por causa disso, e precisamos ficar atentos aqui.

Segundo, a outra dificuldade está na coisa em si, que parece tão obscura e improvável, que muitos entre Seu povo têm abandonado a confiança nele, e Ele parece estar deixando de ajudá-los. "Esperarei no Senhor, que esconde seu rosto", diz o profeta. Embora todos os outros corações desfaleçam, ainda assim, esperarei em ti. Embora tu te retires e escondas Teu rosto, entretanto, não recorrerei a nenhum outro, ficarei ao Teu lado, e esperarei em ti. E, embora não só meus dias possam passar, mas tempos, antes que as coisas sejam concluídas, acredito que elas virão a acontecer. Olharei para elas por essa perspectiva, embora não possa viver para vê-las. E, de fato, além dos grandes livramentos temporais que o profeta previu, que vieram muito depois de seus dias, é provável que também ele olhe além desses, para a vinda do Messias, de quem ele fala tão claramente tanto neste capítulo quanto no anterior, e no seguinte. Apesar de todos os pecados deste povo, e de todos os julgamentos pesados que seus pecados exigiam e causaram, ou os trarão sobre si, no entanto, ele cria que o Senhor lhes enviaria aquele grande Libertador e Salvador, Seu único Filho, a quem Ele havia prometido. Assim, o olhar da fé enxerga por cima das muitas dificuldades e de muitas épocas entre elas, para o que ela espera, e a vê além de todos eles, (então a palavra aqui, *a Ele aguardarei*, é ficar de pé como em uma fila e vigiar, respondendo a essa palavra, Αποκαραδόκια, Rm 8) desejando e confiantemente esperando o bem que virá dele para Sua Igreja. Nos reinos daqui, embora a aparência exterior dos assuntos pareça bastante contrária, e o Senhor, por um momento, faça nossos problemas aumentarem e oculte Seu rosto, como se não se importasse conosco, fazendo as coisas se voltarem para uma confusão e desordem universal, pela perversidade dos homens em todos lugares, ainda assim, vocês que conhecem o Senhor e Seu atos orem, creiam, esperem e tenham certeza de que suas orações serão respondidas no devido tempo.

O mesmo para sua condição pessoal. Você que deseja a luz do semblante de Deus acima de todas as coisas, embora Ele pareça negar e ocultar Seu rosto de você por um tempo, espere por Ele, não o deixe, pois, se o fizer, certamente perecerá. Mas, se esperar nele, você poderá dizer: "Talvez Ele seja gracioso, mas, se Ele não o for, não conheço qualquer outro a quem recorrer. Ainda esperarei nele e o provarei. O que você acha do propósito de Jó? *Eis que me matará, contudo, defenderei o meu procedimento*. Embora o tenha visto pronto para me jogar no inferno, ainda assim buscarei por misericórdia. A fé não pode ser envergonhada. Há nela uma obstinação piedosa que não cederá à maior oposição, nem desistirá enquanto houver qualquer possibilidade de prevalecer. Disse Jonas: "lançado estou de diante de Teus olhos", mesmo assim, não posso desistir por desespero. Devo *olhar* para ti: "Tornarei, porventura, a ver o teu santo templo?" (Jn 2:4). Fé invencível, como aqui, *esperarei — verei*. O uso duplicado da palavra é para expressar sua decisão no início do versículo, e no final dele. E assim, a fé vence a dificuldade que surge contra ela. Essa é a mais pura ação de fé, quando não há nada de bom para apoiá-la e mesmo assim ela resiste, e, como fez Abraão, esperando contra a esperança, crê (Rm 4:18). Quando a alma estiver no maior aperto, a fé dirá: Prostrar-me-ei ao pé do Trono da graça até que seja lançada dele, não me afastarei dele. Esperarei até o último momento.[12]

---

[12] Seleção tirada de John Norman Pearson, *The Whole Works of the Most Reverend Father in God, Robert Leighton, D.D., Arcebispo de Glasgow. To Which Is Prefixed, A Life of the Author*, por Rev. John Norman Pearson, M. A. Em Quatro Volumes. Vol. III. (Nova ed.; Londres: Impresso por James Duncan, 1825, The Spurgeon Library, Midwestern Baptist Theological Seminary, Kansas City, Missouri), 444-455.

5

Seleção
de

GEORGE
SMALRIDGE

CONFIAR EM DEUS, NOSSO MELHOR ESTEIO, EM TODOS OS NOSSOS PROBLEMAS E AFLIÇÕES

Por que estás abatida, ó minha alma?
Por que te perturbas dentro de mim?
Espera em Deus, pois ainda o louvarei,
a Ele, meu auxílio e Deus meu.
—Salmo 42:11

Quando o inspirado escritor deste salmo o escreveu, ele estava em um estado muito triste, melancólico e inconsolável. Se foi composto por Davi quando exilado por causa da tirania de Saul ou da rebelião de Absalão, ou se é a queixa de alguma outra alma infeliz, gemendo sob o cativeiro da Babilônia, está claro que o escritor estava sob grande desânimo mental. Sua condição era a mais miserável, porque ele havia caído de um estado de grande prosperidade para um estado de extrema miséria. Ele desfrutara, de maneira muito abundante, das bênçãos das quais estava agora infelizmente privado, e a lembrança de sua antiga alegria fez o senso de suas queixas atuais mais amargas e aflitivas. Enquanto era um habitante de Jerusalém e vivia nas proximidades de Sião, ele havia frequentado, com grande entusiasmo, os lugares da adoração pública de Deus: ele "passava com a multidão de povo e os guiava para a casa de Deus, entre gritos de alegria e louvor" (Sl 42:4). Contudo essas abençoadas oportunidades de pisar nos pátios de Deus e de adorá-lo na assembleia de Seus santos lhes eram agora totalmente negadas. Nenhum festival alegre era para ser celebrado mais. Cada dia era um dia de luto e humilhação a ser passado em amargas queixas de sua condição miserável e abandonada e em anseios e suspiros santos pela restauração das bênçãos das quais ele estava presentemente privado: "Como suspira a corça pelas correntes das águas, assim, por ti, ó Deus, suspira a minha alma. A minha alma tem sede de Deus, do Deus vivo; quando irei e me verei perante a face de Deus?" (Sl 42:1,2). Enquanto uma misericórdia, que ele tão intensamente valorizava, de que anteriormente desfrutara com tanta satisfação, e pela qual ele agora tão impacientemente ansiava, foi por algum tempo protelada, suas tristezas foram extremamente ampliadas: "lágrimas têm sido seu alimento dia e noite", e na agonia da dor, "dentro dele se lhe derrama a alma" (vv.3,4). Nesse estado abatido e perplexo, ele, às vezes, está pronto para esmorecer e afundar sob esse peso que o pressionava tão fortemente. Porém ainda luta com sua dor. Não está disposto a deixá-la obter o domínio absoluto sobre si, mas, a fim de despertar seu estado de ânimo e reanimar sua coragem, ele assim arrazoa consigo mesmo: "Por que estás abatida, ó minha alma? Por que te perturbas dentro de mim? Espera em Deus, pois ainda o louvarei, a Ele, meu auxílio e Deus meu" (v.11). Nessas palavras estão contidas essa doutrina consoladora de que, em todos os nossos problemas, que nunca são tão grandes, em todos os distúrbios da mente, de onde quer que eles surjam, a confiança firme em Deus é o nosso melhor apoio.

São inúmeros os males aos quais estamos sujeitos nesta vida, dos quais nem a sabedoria dos mais prudentes, nem as riquezas dos mais ricos, nem as forças dos mais poderosos, nem mesmo a virtude dos mais inocentes sempre poderão protegê-los. Mesmo a confiança em Deus, que é o melhor remédio contra todos os males, nem sempre nos protegerá de aflições, com as quais Deus, às vezes, tem o prazer de visitar Seus servos mais fiéis para provar sua paciência, para o exercício de suas graças e para o aumento da glória deles. Quando, portanto, a confiança em Deus está aqui prescrita como um remédio contra o desânimo da mente sob esses males que realmente sofremos, ou contra pensamentos inquietantes decorrentes da apreensão de males que provavelmente recaem sobre nós, não devemos nos lisonjear por colocar nossa confiança nele, achando que seremos certa e constantemente livrados de todas as calamidades que sentimos ou tememos. É argumento suficiente para nossa confiança nele, que, ao fazê-lo, seremos livrados delas ou sustentados sob elas, que elas devem ser completamente removidas, ou então ser toleráveis para nós. Ou o espinho sairá de nós, ou sua intensidade será reduzida, e sua pungência será diminuída. Bem, para tal confiança em Deus como essa, temos fundamentos firmes sobre os quais ela pode ser edificada:

1. Dos atributos de Deus, que o capacitam e o dispõem a nos ajudar.

2. Dos exemplos daqueles que colocaram sua confiança nele e encontraram auxílio em tempo de necessidade.

3. Da experiência que nós mesmos tivemos da bondade amorosa de Deus para conosco, o que ainda deveria nos encorajar a confiar nele.

1. Primeiro, temos firmes motivos para nossa confiança em Deus a partir desses atributos divinos que o capacitam e o dispõem a nos ajudar.

Não podemos colocar nossa confiança em nenhum lugar, em lugar algum podemos, com certeza infalível, depender de ninguém para nos ajudar, mas apenas onde temos certeza de que Aquele de quem dependemos está revestido com poder suficiente para que Ele, se desejar, possa nos ajudar, que Ele seja gracioso e benevolente, de modo a estar disposto a nos alcançar com a ajuda que é capaz de oferecer e que, se Ele nos deu alguma promessa de auxílio, Ele é fiel e verdadeiro, para que possamos confiar com segurança nessas promessas. Pois, se um nosso amigo e benfeitor, de quem dependemos, nunca for tão bem inclinado para nós, e, ainda, se for fraco e destituído de poder para remover esse mal que sofremos, ou para nos conseguir esse bem que queremos, podemos de fato lhe estar agradecidos por sua boa vontade, mas não podemos receber nenhum benefício dele, por sua falta de capacidade de realizar seus propósitos graciosos para conosco. Ou caso seu poder para nos ajudar nunca seja tão grande, caso ele seja incapaz de nos livrar dessas calamidades sob as quais labutamos, ou para nos conceder os benefícios de que precisamos, não é consolo algum para nós que ele pudesse fazer o que não temos razão para esperar que faça por nós. Ou, embora esse amigo deva ter sido tão gentil de maneira a livremente nos prometer aquilo que ele é capaz de realizar, e, mesmo assim, a menos que seja inquestionavelmente verdadeiro, podemos ficar miseravelmente desapontados por confiar em tais promessas, que jamais trarão benefício para nós. No entanto, quando depositamos nossa confiança em Deus, não corremos nenhum desses riscos porque não há nada que o poder infinito não possa realizar. Nada apropriado e vantajoso para nós que a bondade infinita não esteja disposta a conceder. Nenhuma promessa de ajuda pode ter sido feita pelo Deus de verdade e santidade, que não será exata e pontualmente cumprida.

Quando, portanto, o salmista expressa a firmeza dessa confiança que ele tinha em Deus, o encontramos, às vezes, exaltando o Seu poder, outras vezes, engrandecendo Sua bondade, e, muitas vezes, também mencionando Sua veracidade, construindo suas esperanças sobre esses vários fundamentos, como se sobre tantos firmes alicerces que não poderiam ser removidos. Não há nada que a natureza tenha feito ou a arte tenha inventado de tal forma que possa servir melhor para nossa defesa, da qual o salmista não empresta alusões a fim de despertar em sua própria mente, e na mente dos outros, um sentido vivo do imenso poder de Deus para defender Seus servos em tempos de tribulação: "O SENHOR é a minha rocha, a minha cidadela, o meu libertador; o meu Deus, o meu rochedo em quem me refugio; o meu escudo, a força da minha salvação, o meu baluarte" (Sl 18:2). Quando ele considerou o número e o poder daqueles inimigos com quem devia lutar, teve razão para ficar hesitante, mas, quando contemplou a força muito superior de seu auxiliador, todos os seus medos foram imediatamente lançados fora: "O Senhor é a minha luz e a minha salvação; de quem terei medo? [...] Ainda que um exército se acampe contra mim, não se atemorizará o meu coração; e, se estourar contra mim a guerra, ainda assim terei confiança" (Sl 27:1,3). Tendo Deus ao seu lado, olhou para si como aquele que supera os poderes unidos de todo o Universo: "Todas as nações me cercaram, mas em nome do Senhor as destruí" (Sl 118:10). Ele repete de uma maneira muito triunfante essa sua confiança: "Cercaram-me, cercaram-me de todos os lados; mas em nome do Senhor as destruí" (v.11). Ele confiava tão firmemente no poder e auxílio de Deus, que, antes de agarrar seus inimigos, falou da vitória como já sendo certa: "Como abelhas me cercaram, porém como fogo em espinhos foram queimadas; em nome do Senhor as destruí" (v.12).

Tampouco achou que o poder de Deus era menos poderoso para livrá-lo em todas as outras dificuldades do que para protegê-lo contra a violência de seus inimigos. Não havia calamidade de qualquer tipo para a qual ele não esperasse livramento, ou sob a qual ele não prometesse a si mesmo um apoio através da proteção do Todo-poderoso. Essa sua confiança em Deus para a segurança em todos os perigos e angústias a que os fracos mortais estão sujeitos é elegantemente estabelecida para nós no Salmo 91. Uma declaração universal da segurança de todos aqueles que confiam em Deus é feita pela primeira vez por uma das pessoas que nesse salmo são apresentadas como tratando do imenso poder de Deus exibido na proteção de Seus servos fiéis: "O que habita" (ou está seguro) no esconderijo do Altíssimo e descansa à sombra do Onipotente (Sl 91:1). A pessoa que ouviu essa declaração alegremente se apropria dela e, com grande entusiasmo de espírito, responde: "diz ao Senhor: Meu refúgio e meu baluarte, Deus meu em quem confio" (v.2). E então, para mostrar que essa confiança não foi perdida, a mesma pessoa, que a princípio havia afirmado em termos gerais a felicidade e a segurança de todos aqueles que depositam sua confiança em Deus, aplica essa doutrina geral ao caso particular daquele que havia expressado tão francamente sua grande confiança no Todo-poderoso: "Pois Ele te livrará do laço do passarinheiro e da peste perniciosa. [...] Pois disseste: o Senhor é o meu refúgio. Fizeste do Altíssimo a tua morada. Nenhum mal te sucederá, praga nenhuma chegará à tua tenda. Porque aos Seus anjos dará ordens a teu respeito, para que te guardem em todos os teus caminhos. Eles te sustentarão nas suas mãos, para não tropeçares nalguma pedra. Pisarás o leão e a áspide, calcarás aos pés leãozinho e a serpente" (vv.3,9-13). As certezas da prontidão de Deus para protegê-lo contra todos os males foram suficientes para manter seu espírito sob todas as exigências da vida, mas, para animar ainda mais sua coragem e fortalecer suas esperanças, o próprio Deus está apresentado no fim daquele salmo como consolador, dizendo assim: "Porque a mim se apegou com amor, eu o livrarei: pô-lo-ei a salvo, porque conhece o meu nome. Ele me invocará, e eu lhe responderei; na sua angústia eu estarei com ele, livrá-lo-ei e o glorificarei. Saciá-lo-ei com longevidade e lhe mostrarei a minha salvação" (vv.14,15). Escolhi estabelecer o poder de Deus para ajudar Seu povo em meio a todos os seus perigos e angústias, principalmente nas palavras do salmista, porque não há expressões mais adequadas para transmitir à mente de todos os ouvintes noções corretas desse poder. Nenhuma que esteja mais nivelada às capacidades dos entendimentos comuns e ainda nenhuma que as pessoas de conhecimento mais elevado possam ser mais atraídas do que aquelas que foram tomadas emprestadas deste profeta devoto, através do qual o Espírito do Senhor falou, e, em sua própria língua, foi a palavra do próprio Deus.

Entretanto, a fim de colocarmos todas as nossas esperanças em Deus, não basta que tenhamos noções elevadas de Seu poder, mas também devemos ter indubitável certeza de Sua bondade e prontidão para nos salvar. E para que não possamos ter nenhuma dúvida, o mesmo salmista que nos forneceu tantas declarações de Seu grandioso poder nos oferece também como testemunhos simples de Sua bondade ilimitada para aqueles que depositam sua confiança nele: *Tu és bom e fazes o bem*. Ele é essencial e imutavelmente bom. E Sua bondade, que é perpetuamente imanente em Sua natureza, é constantemente demonstrada em torrentes de generosidade para Suas criaturas. Assim como Ele é bom, também faz o bem. Essa Sua bondade não está limitada a alguns poucos, mas estendida a todos: "O Senhor é bom para todos, e as Suas ternas misericórdias permeiam todas as Suas obras" (Sl 145:9). Essa Sua bondade não é temporária, de modo que, às vezes, possamos esperar experimentá-la, e em outros momentos nos desesperar, "pois a bondade de Deus dura para sempre" (Sl 52:1). Aqueles que tomaram o maior cuidado para aprovar a si mesmos diante de Deus pela santidade de sua vida têm o maior incentivo para depender de Sua bondade, pois tais como esses "o supres das bênçãos de bondade: nenhum bem sonega aos que andam retamente"

(Sl 21:3; Sl 84:11). Porém nem os maiores pecadores têm qualquer razão para puramente desanimar, se eles se arrependerem de seus pecados e retornarem a Deus: "pois tu, Senhor, és bom e compassivo; abundante em benignidade para com todos os que te invocam" (Sl 86:5).

Sendo assim a bondade de Deus tão essencial a Sua natureza, tão gratuita em seu exercício, tão ampla em sua medida, tão extensa em seus objetivos, tão duradoura em sua permanência, que possamos, baseados nisso, como baseados em outro pilar forte, que certamente suportará todo o peso que possa ser colocado sobre ele, construir seguramente nossa confiança em Deus. No entanto, para que nossa confiança nele possa ser ainda mais forte, temos também as promessas de Deus com as quais fortalecer nossas esperanças. E, de fato, esses são, no fim das contas, os melhores motivos que temos para termos em nós uma confiança regular e racional, pois a própria noção de confiança supõe uma promessa prévia. Podemos desejar, podemos ansiar, podemos esperar favores não prometidos, mas não podemos ter certeza infalível de qualquer bênção, a não ser aquelas que Deus prometeu graciosamente em Sua Palavra. E, assim como Suas promessas são absolutas ou condicionais, nossas expectativas devem ser, se não as quisermos jamais frustradas. Que não nos exaltemos com esperanças de receber aquilo que Ele não prometeu; que não presumamos precipitadamente que será nossa a porção daquilo que Ele prometeu a algumas pessoas qualificadas, em determinados termos, a menos que tenhamos as qualificações necessárias, a menos que cumpramos os termos requeridos. Mas, onde as promessas são gerais, de modo que ninguém é excluído, ou onde cumprimos as condições, de modo que nós, em particular, não sejamos eliminados, não podemos ser muito otimistas em nossas esperanças.

Bem, há promessas muito claras de ajuda àqueles que são retos e que depositam sua confiança em Deus. E nessas promessas, todos aqueles cujas consciências dão testemunho de que são retos e de que colocam toda a sua confiança nele podem confiar com certeza. "Os olhos do Senhor repousam sobre os justos, e os Seus ouvidos estão abertos ao seu clamor." "Clamam os justos, e o Senhor os escuta e os livra de todas as suas tribulações." "Muitas são as aflições do justo, mas o Senhor de todas o livra." "O Senhor resgata a alma dos Seus servos, e dos que nele confiam nenhum será condenado" (Sl 34:15,17,19,22). "Os que confiam no Senhor são como o Monte Sião, que não se abala, firme para sempre. Como em redor de Jerusalém estão os montes, assim o Senhor, em derredor de Seu povo, desde agora e para sempre" (Sl 125:1,2). Tendo, portanto, essas graciosas promessas, podemos, com coragem destemida, falar as palavras e tomar as decisões do salmista: "Deus é o nosso refúgio e fortaleza, socorro bem-presente nas tribulações. Portanto, não temeremos ainda que a terra se transtorne e os montes se abalem no seio dos mares; ainda que as águas tumultuem e espumejem e na sua fúria os montes se estremeçam. [...] O Senhor dos Exércitos está conosco; o Deus de Jacó é o nosso refúgio" (Sl 46:1-3,7). Tal vanglória de uma alma destemida encontramos às vezes como proferida por homens corajosos e bravos entre os pagãos, mas o que era vaidoso e extravagante na boca dos tais, que não tinham força a não ser a sua própria para suportá-los, nenhuma perspectiva de qualquer outra recompensa exceto a de uma fama imaginária por se comportarem bem em situações de dificuldade com magnanimidade e decência. Porém, quando falado por alguém que tem o auxílio de Deus para apoiá-lo nos sofrimentos, e as promessas de Deus de recompensar sua paciência, coragem e confiança, seja com as bênçãos desta vida ou com as glórias da próxima, é uma decisão sábia, sólida e bem ponderada. Deste modo, mostrei como podemos, a partir dos atributos de Deus, que permitem e o inclinam para nos ajudar, elaborar argumentos fortes e irrefutáveis, pois, em todos os nossos problemas e angústias, devemos confiar nele. Para o fortalecimento dessa confiança será apropriado para nós:

2. Observar os exemplos daqueles que, assim, depositaram sua confiança em Deus e encontraram auxílio em momentos de necessidade.

Dos muitos padrões promissores desse tipo com os quais a história sagrada abunda, selecionarei apenas um, porque esse está nas Escrituras claramente proposto a nós como um padrão. É maravilhoso esse exemplo de confiança inabalável em Deus, que é exibido para nossa instrução e registrado para que o imitemos na história dos sofrimentos e da paciência de Jó. Ele se viu, de uma vez, despojado de todos os bens materiais e de todas as coisas necessárias da vida, rebaixado de um estado de grande abundância para um de extrema necessidade e destituído de uma numerosa família com filhos, todos arrebatados de uma só vez por uma morte violenta e prematura. O inimigo da humanidade, tendo permissão de Deus para atirar suas flechas contra ele, que teve sua aljava esvaziada. No entanto, enquanto ele estava armado com a confiança em Deus, como com um forte escudo de defesa, elas não podiam perfurar seu coração, mas foram repelidas sem lhe causar dano algum por não terem poder sobre alguém cujo apoio firme no divino poder e bondade o tornou invulnerável.

Que circunstância houve em seus sofrimentos que não aumentou seu peso e não pareceu tornar o fardo deles totalmente insuportável! Quão logicamente, por exemplo, pais carinhosos costumam se afligir com a perda de um filho amado! Como a dor deles é aumentada se esse filho for apressadamente arrebatado por golpe repentino! Quanto mais demasiado ainda se a morte, pela qual eles forem subitamente retirados do mundo, não apenas seja súbita, mas também violenta! Mas esse homem santo não perdeu apenas um único filho, mas todos eles. Todos juntos, em uma mesma hora, por uma e a mesma calamidade, estavam envolvidos na mesma ruína comum. Se alguns tivessem sido levados e outros tivessem ficado, se alguns tivessem morrido e outros poupados, ele poderia ter encontrado conforto em sua tristeza por aqueles que havia perdido no gozo daqueles que sobreviveram pela misericórdia de Deus. Entretanto, quando todos se foram ao mesmo tempo, quando ele estava em um momento como o mais feliz dos pais e ficou totalmente sem filhos, quão miserável, quão desamparada deve ter sido sua condição! Ou se tivesse havido um grande intervalo entre as perdas que ele sofreu, se tivesse tido tempo de recompor seus pensamentos quando uma calamidade veio e acabado com a tristeza que causara antes que outro mal o dominasse, criando em sua alma uma nova inquietação, ele poderia ter conseguido lidar com essas suas aflições uma a uma e tê-las suportado bravamente enquanto elas o atacavam isoladamente. Porém, uma veio no encalço da outra; antes que houvesse tempo para a cura das primeiras feridas, novas feridas lhe eram infligidas. Quando essas calamidades que, várias vezes e separadamente, foram suficientes para abalar a coragem comum lhe sobrevieram todas em conjunto, poderia muito bem se esperar que elas devessem pressioná-lo, e que ele deveria afundar completamente sob um fardo tão grave e insuportável. Quão grande deve ter sido sua coragem, quão exemplar sua paciência, quão inabalável sua confiança em Deus, que em meio a tantas e tão dolorosas aflições não desanimou e estava tão longe de reclamar contra a Providência, ou atribuir "a Deus falta alguma" (Jó 1:22) ou retirar sua confiança nele, que ele irrompeu em expressões de gratidão e ação de graças: "O SENHOR o deu e o SENHOR o tomou; bendito seja o nome do SENHOR!" (v.21). Embora o Senhor tivesse tomado, isso não era motivo para falta de confiança, pois o mesmo Senhor havia dado, e aquele que antes tinha dado poderia dar novamente. Foi por causa de Sua infinita bondade que Ele concedera na primeira vez, e a mesma bondade o faria conceder novamente. Deus tinha dado a Jó livre e abundantemente antes que ele tivesse ocasião ou oportunidade de expressar sua firme dependência de Deus, e como ele tinha agora, de maneira tão evidente, demonstrado que sua confiança em Deus era construída em bases tão fortes que nenhuma aflição poderia dominá-la, ninguém poderia enfraquecê-la; ele tinha a maior razão para esperar que Deus o recompensasse por essa sua fé firme. E que, como agora Jó havia bendito Seu santo nome quando

Deus estendeu a mão em ira para lhe tomar, então ele deveria ter motivo daqui em diante para derramar suas ações de graça quando Deus, em Sua misericórdia, estendesse Sua mão para devolver o que Ele havia tomado e para compensá-lo por suas perdas com abundância de misericórdias. Essas suas esperanças não foram derrotadas ou sua confiança exemplar em Deus ficou sem recompensa, pois somos informados pela história sagrada que "o Senhor deu-lhe o dobro de tudo o que antes possuíra", e que "abençoou o Senhor o último estado de Jó mais do que o primeiro" (Jó 42:10,12).

Quando, portanto, vemos que nosso espírito começa a enfraquecer sob o sentido de qualquer aflição que recai sobre nós, quando dores no corpo, ou perdas de bens, ou mortes de parentes ou amigos nos enchem de ansiedade e tristeza, quando nossa paciência começa a se cansar de sofrimentos maiores do que podemos suportar e nossa confiança em Deus a ser abalada, porque Ele amontoa Seus julgamentos sobre nós, avivemos nossa coragem enfraquecida ao definir diante de nós padrões nobres como esses. Que reflitamos sobre eles até encontrarmos uma emulação generosa ardendo em nosso peito e que nos envergonhemos de afundar sob fardos muito desproporcionais àqueles os quais homens, feitos da mesma carne e sangue que nós e apoiados por nenhum outro auxílio do que aquele que nos é oferecido, tenham pacientemente sofrido e triunfantemente superado, sem murmurar contra Deus, sem diminuir sua confiança nele, sem acusar Sua justiça e sem perder a esperança em Sua bondade. Mas, como exemplos exteriores quase não nos afetam tanto quanto aqueles que estão debaixo de nossa própria observação, e porque não há espaço para dúvidas sobre o que nossa própria experiência nos ensinou, que:

3. Esforcemo-nos para fortalecer nossa confiança em Deus pela experiência que nós mesmos tivemos de Sua antiga bondade amorosa em relação a nós.

A Deus devemos o nosso ser e as bênçãos que desfrutamos agora ou no passado. Há muitas calamidades que ocorrem aos homens que, através da bondade de Deus, escapamos. Muitas, que estavam prontas para cair sobre nossa cabeça e que não vimos qualquer maneira possível de evitar, Deus, por Sua maravilhosa providência, desviou de nós. Certamente, houve muitas mais a que fomos expostos, no entanto pouco sabíamos de nosso perigo para que fôssemos livrados, não só da dor, mas, o que é uma misericórdia ainda maior, do temor delas. Muitas, que depois de terem se apoderado de nós e começarem a nos pressionar para além das nossas forças, Deus diminuiu a princípio e depois removeu totalmente. Outras tantas que, pelo poder dominante de Deus, se voltaram para o nosso bem, de modo que temos motivos para nos alegrar por termos sido visitados por elas. Nunca aconteceu de passarmos por uma doença dolorosa e persistente que nos levasse à beira do túmulo e, quando todos os métodos de recuperação foram provados em vão, quando os medicamentos falharam e os médicos nos deram a sentença de morte, fomos, por alguma virada inesperada, alguma alteração invisível, finalmente restaurados? Nosso bom nome jamais foi caluniado por alguma desagradável e vil maledicência, sob a qual há muito tempo repousamos sem sermos capazes de esclarecê-la, e Deus, por Sua boa providência, não fez "sobressair a [nossa] justiça como a luz e o [nosso] direito, como o sol ao meio-dia" (Sl 37:6)? Nunca vimos a pobreza vindo "como um homem armado" (Pv 24:34), quando, de repente, Deus nos deixou sem esperança para que benfeitores nos livrassem, ou desvelou para nós meios imprevistos de subsistência? Nunca vimos uma nuvem se formando, que ameaçasse arruinar nosso país ou a nossa igreja, que, quando não vimos formas visíveis de escapar, Deus, pelo Seu braço, de uma maneira invisível a nós, em pouco tempo a dispersou?

Se tivemos tais experiências da bondade de Deus para nós, como certamente tivemos, e a menos que tenhamos sido observadores muito descuidados da providência de Deus, devemos ter percebido que podemos, a partir desse senso das misericórdias anteriores de Deus para nós, tirar uma conclusão consoladora de que Ele ainda será misericordioso: "o qual nos livrou e livrará de tão grande morte; em quem temos esperado que ainda continuará a livrar-nos" (2Co 1:10). Está *a mão do Senhor*, que está sempre estendida para nos ajudar, *encolhida, para que não possa salvar*; ou *Seu ouvido*, que sempre esteve aberto para nossas orações, *ficou surdo para não poder ouvir* (Is 59:1)? Somos como os perversos israelitas, que argumentaram daquela maneira perversa e absurda: "Com efeito, feriu Ele a rocha, e dela manaram águas, transbordaram caudais. Pode Ele dar-nos pão também? Ou fornecer carne para o Seu povo?" (Sl 78:20). Pode-se imaginar qualquer coisa mais ridícula ou mais provocadora do que para homens com o mesmo fôlego possuir o poder de Deus e expressar sua incredulidade nele, falar de misericórdias que eles realmente receberam dele e duvidar se Ele é capaz de conceder-lhes as mesmas misericórdias? Não ficou Deus muito justamente indignado contra pessoas que pensaram assim tolamente e que agiram assim ingratamente? Podemos nos perguntar se, ouvindo isso, "o SENHOR ficou indignado; acendeu-se fogo contra Jacó, e também se levantou o Seu furor contra Israel; porque não creram em Deus, nem confiaram na Sua salvação" (vv.21,22), nem creram em seus próprios olhos, naquela salvação da qual eles haviam tido uma experiência tão convincente, e tão recente, quando Deus "ordenou às alturas e abriu as portas dos céus; e fez chover maná sobre eles, para alimentá-los, e lhes deu cereal do céu" (vv.23,24). E não poderíamos esperar sentir, com justiça, os tristes efeitos de Seu descontentamento, se fosse possível, da mesma forma, desconfiar dessa boa providência de Deus, da qual tivemos tantas experiências tão felizes? Não deveríamos, portanto, com o santo Davi, estar atentos às antigas misericórdias de Deus e ter certeza de Sua bondade futura em relação a nós? Não deveríamos, em nossas angústias atuais, nos entregarmos a Ele, a quem reconhecemos como um ajudador gracioso e pronto em situações de problemas passados? Não deveríamos, com o mesmo santo Davi, devota e gratamente dizer: "Tu me tens sido refúgio e torre forte contra o inimigo. Assista eu no teu tabernáculo, para sempre; no esconderijo das tuas asas, eu me abrigo" (Sl 61:3,4)?

Portanto, sob todas as dores do corpo e da ansiedade da mente, sob todos os olhares sisudos do destino e dificuldades da vida, sob todos os males que recaíram sobre nós, e todas as apreensões de males que tememos que possam recair sobre nós, sob todas as nossas perdas e todas as nossas carências, sob todas as perspectivas incertas que podemos ter para nós mesmos ou para nossa família, quando todos os consolos terrenos falham, quando buscamos auxílio, mas não há ninguém para nos auxiliar, quando nosso coração começa a nos desapontar, quando ele está prestes a afundar sob o peso, e nos encontramos em perigo de estarmos sobrecarregados com desespero, que examinemo-nos com esta reflexão consoladora: quanto mais angustiante for nossa condição, mais apropriada é a ocasião que ela nos apresenta para exercer nossa fé e restabelecer nossa confiança em Deus. Que despertemos nossos espíritos caídos com estas perguntas inspiradoras: "Por que estás abatida, ó minha alma? Por que te perturbas dentro de mim?" (Sl 42:11). Confie em Deus, que tem poder para ajudá-lo e sustentá-lo nos momentos de maiores fraquezas, resgatá-lo nos momentos de maiores dificuldades e confortá-lo nos momentos de maiores angústias. Confie em Deus, que o ama, como você não consegue amar a si mesmo, que tem compaixão sobre o miserável, que "é fiel, e não [permitirá que sejam] tentados além das [suas] forças; pelo contrário, juntamente com a tentação, [lhes] proverá livramento, de sorte que a [possam] suportar" (1Co 10:13). Confie em Deus, que prometeu que ninguém que nele confia será abandonado, e que "não é homem, para que minta; nem filho de homem, para que se arrependa" (Nm 23:19), mas que é *fiel e verdadeiro* e "porque quantas são as promessas de Deus, tantas têm nele o sim" (2Co 1:20). Confie em Deus, em quem os santos de todas as épocas confiaram e receberam livramento, a quem eles clamaram e foram ouvidos. Confie em Deus, em quem você já confiou anteriormente e não foi confundido, que "de seis angústias te [livrou]" (Jó 5:19) e de quem, portanto, você tem motivo para depender porque na *sétima* Ele não o abandonará.

Se você colocar, então, sua confiança em Deus, terá motivo para louvá-lo. Você o louvará por lhe dar graça para colocar sua confiança nele. Louva-lo-á pelos consolos que encontrará ao colocar sua confiança nele. Louva-lo-á por esses livramentos que Ele realizará em você e por essas bênçãos, tanto temporais quanto espirituais, que Ele lhe conferirá. Você o louvará aqui nos momentos a sós e em público na congregação dos santos. E você o louvará futuramente com anjos e arcanjos, quando "a nossa leve e momentânea tribulação produzir para nós eterno peso de glória" (2Co 4:17).[13]

---

[13] Seleção extraída de George Smalridge, *Sixty Sermons Preached Upon Several Occasions, por George Smalridge, D.D. Bispo de Bristol por um tempo e Deão da Christ Church, Oxford. Em Dois volumes. Vol. I.* (Nov ed.; Oxford: Impresso na University Press, 1852, The Spurgeon Library, Midwestern Baptist Theological Seminary, Kansas City, Missouri), 301-317.

ÍNDICE DAS ESCRITURAS

GÊNESIS
15:17	31
28:17	95
29:20	28
31:13	96
48:3,4	100
50:16	56
50:17	56

ÊXODO
5:21	82
5:22	82
5:23	82

LEVÍTICO
10:2	34
10:3	33

NÚMEROS
23:19	170

DEUTERONÔMIO
32:3	83

JUÍZES
13:22	86
13:23	86
16:28	53

1 SAMUEL
3:18	33
6	85

2 SAMUEL
15:26	33
16:11	33
18:33	34

1 REIS
13	86

2 REIS
6:33	144

2 CRÔNICAS

21:12	61

ESDRAS

9:13	26

NEEMIAS

4:4	124
6:10-14	86

JÓ

1:12	38
1:21	32
1:22	32, 165
2:10	35
3:17	28
5:19	170
6:19,20	146
7:17	32
7:18	32
10:2	83
11:7	101
21:30	32
30:7	63
33:11	63
34:13-15	137
42:10	166
42:12	166

SALMOS

9:18	103
13:1	92
18:2	157
21:3	161
23:4	48
25:14	109
27:1	158
27:3	158
27:4	138
27:3	24
30:7	140
31:5	48
31:10	34
34	147
34:8	147
34:15	162
34:17	162
34:19	162
34:22	162
36:6	79
37:6	168
40:1-3	111, 145, 147
40:4	147
42:1	154
42:2	138, 154
42:3	154
42:4	154
42:7	35
42:11	153, 154, 170

SALMOS	
46:1-3	162
46:7	162
49:5	105
52:1	160
55:6-8	51
58:10	106
61:3	169
61:4	169
64:9	108
66:5	113
66:6	113
66:10	113
69:9	123
71:20	26, 112
73	84, 96
77:13	79
77:19	79
78:20	168
78:21	169
78:22	169
78:23	169
78:24	169
81:7	113
84:11	161
86:5	161
90:3	137
90:16	103
91:1	158
91:2	159

SALMOS	
91:3	159
91:9-13	159
91:14,15	159
94:12	175
97:2	102, 121
103:9	37
104:29	137
107:9	103
107:11	25
107:12	25
107:43	25
111:2	79
112:4	103, 104
116:1	147
118:10	158
118:11	158
118:12	158
119:65	38
119:67	43
119:68	38
119:71	43
119:90	91
125:1	162
125:2	162
126:1	88
126:3	88
130:6	143
145:9	160

PROVÉRBIOS
24:34	168

CÂNTICO DOS CÂNTICOS
7:11	97
7:12	97
8:14	51

ISAÍAS
8:17	110, 135
17:17,18	83
24:15	38
26:3	146
26:20	37
27:3	112
28:16	145
28:29	90
30:18	110, 145
42:16	102
43:22	104
43:25	104
45:5	113
54:11	21
57:16	23
57:17	104
57:18	104
59:1	141, 168

JEREMIAS
24:5	22
45:4	84

LAMENTAÇÕES
3:51	142

EZEQUIEL
16:63	106
36:25	106
37:11	83

DANIEL
3:17	128
3:18	128
9:20	97
9:21	97

OSEIAS
12:4	143
14:1	143
14:5	143

JONAS
2:4	149

HABACUQUE
2:3	96, 145
2:4	121

SOFONIAS
3:18	124

MATEUS
2:18	33
25:7	46
28:18-20	127

MARCOS
4:34	97
7:37	27
9:19-26	86

LUCAS
7:38	106

JOÃO
9:4	53
13:3	74
13:4	74
13:5	74
13:6	74
13:7	73
14:20	94
14:21	104
15:15	110
16:17	95
16:18	95
16:19-28	95

JOÃO
16:26	98
16:29	95
16:30	95

ATOS
2	98
16:24	36
28:22	123

ROMANOS
4	92
4:17,18	87, 150
5:3	35
5:3,4	14
5:3-5	130
8	149
8:18	27
8:28	18
9:18	91
11:33	79
11:34	87

1 CORÍNTIOS
10:13	25, 170
13:9	94
13:12	94

2 CORÍNTIOS

1:5	36
1:10	168
1:20	170
4:6	87
4:17	14, 130, 171
7:11	106

FILIPENSES

1:29	31

1 TESSALONICENSES

5:18	38

2 TIMÓTEO

3:12	15
4:8	51

HEBREUS

2:17	90
6:12	131
10	128
10:32-34	124
10:36	131
10:38	125
11	42
11:8	77
11:25	129, 130
11:26	129, 130
12	128

HEBREUS

12:2	129
12:10	43

TIAGO

1:2	35
1:2,3	15
1:12	15
5:10	38
5:11	38

1 PEDRO

1:6	25, 41
2:2	125
2:3	125
2:6	146
2:21	15
4:12	15
5:9	26

1 JOÃO

3:2	94

APOCALIPSE

3:19	31
3:21	31
12	139
17	139
21:22	101

ÍNDICE DE NOMES E ASSUNTOS

Abraão 78,85
Arão. 33,34
Ansiedade 166
Balaão. 54
Bênçâo 44,53
Bondade de Deus 167
Cativeiro Babilônico 22
Clarebachius, Adolphus 99
Confiança 155
Daniel 97,103
Davi 153
Desespero 170
Deus 170
Eli. 33
Elias 61
Enfermidade 38,40
Escrituras 12,14
Esdras 26,84
Espírito Santo 13,48

Estêvão 36
Ezequiel 36,97
Faraó 62
Fé 121
Filhos de Deus 21,30
Glória de Deus 123
Igreja 142
Israel 22,82
Jacó 28,95
Jeová 90
Jesus Cristo 129
   Autoridade de Cristo 127
   Obra de Cristo 76
   Sangue de Cristo 43,45
Jó 62,63
João. 78,97
Jonas 149
José 56,77
Judas 23,85

Mão de Deus	34,37
Medo	50,68
Medo de Aflição	135
Moisés	78,82
Morte	28,99
Neemias	123
Obra de Deus	103
Pai	25,41
Paciência	55,92
Paulo	35,49
Pedro	75,88
Perigo	170
Perseguição	121
Providência	137
Redentor	28,49
Reino de Cristo	48,59
Rosto de Deus	140
Salmista	157
Satanás	26,40
Sião	87,88
Silas	36,38
Sofrimento	14,15
Spurgeon, Charles	10
Apologeta	12
Escritor	11
Mística	13
Evangelista	13
Humanitário	11,12
Pregador	10,11
Templo	49,85
Temor do Senhor	109